ANSELM GRÜN

Das große Buch der Lebenskunst

Herausgegeben von

Anton Lichtenauer

HERDER

FREIBURG · BASEL · WIEN

Die Texte dieser Sonderausgabe sind eine Zusammenstellung aus den weiterhin lieferbaren Einzelbänden: Buch der Lebenskunst (Herder Spektrum Band 5700) und Lass die Sorgen – sei im Einklang (Herder Spektrum Band 7055)

Originalausgabe

www.herder.de

Umschlaggestaltung und Konzeption:
Agentur R·M·E / Roland Eschlbeck, Rosemarie Kreuzer
Umschlagfoto: © Mauritius

Herstellung: Freiburger Graphische Betriebe
www.fgb.de
Gedruckt auf umweltfreundlichem,
chlorfrei gebleichtem Papier
Printed in Germany

ISBN 978-3-451-30282-4

Inhalt

Erster Teil

Zweiter Teil

Erster Teil

Der Himmel auf Erden
Hinführung

Von Anton Lichtenauer

Was ist das eigentlich, ein Lebenskünstler? Jemand, der sich auf die Sonnenseite stellt und nach dem Motto lebt: Take it easy – wer Sorgen hat, ist selber schuld?

Augenzwinkernd stimmen viele darin überein: Am besten fährt noch immer, wer den lieben Gott einen guten Mann und Krummes gerade sein lässt. Wichtig ist doch: Mitnehmen, was geht. Und vor allem: Nichts anbrennen lassen. Aber hallo!

Leben light also?

»Schwerer werden. Leichter sein.« Paul Celan hat das gesagt: Es ist alles andere als die Devise jener Lebenskünstler der Uraltmarke »Schwerenöter« oder »Leichtfuß«. Eher ist es das Gegenprogramm dazu. Es ist – verdichtet – die präziseste Antwort darauf, was die Kunst des Lebens wirklich ausmacht.

»Schwerer werden. Leichter sein.« Das ist tatsächlich eine Kunst: Polaritäten nicht ausschließen, sondern in der Balance leben. Beachten, was wirklichen Wert hat und damit dem Leben Gewicht geben. Und unnötigen Ballast abwerfen. Beides zusammenbringen: Bodenhaftung und Offenheit. Verwurzelt und frei leben. Erdverbunden, himmelwärts.

Paul Celans Devise ist – bis in die Bildvorstellung hinein – gar nicht so weit weg von dem, was schon die alten Mönchsväter in der ägyptischen Wüste suchten und was heute neu entdeckt wird. Anselm Grün erinnert gern an ein Wort, das von Abba Antonios überliefert wird: »Wenn du siehst, dass ein junger Mönch mit seinem eigenen Willen nach dem Himmel strebt, halte seine Füße fest, ziehe ihn nach unten, denn es hat für ihn keinen Nutzen.«

Der spirituelle weltferne Himmelsstürmer verliert sich nur in seinen eigenen Schwärmereien. Aber auch wer nur am Boden klebt, kann den Himmel nicht in sich tragen. »Geerdete Spiritualität« nennt Anselm Grün die Alternative dazu. Es ist seine Kurzdefinition von Lebenskunst.

Dahinter steckt zunächst eine psychologische Erfahrung: Glück und Unglück haben ihre Wurzel in unserem eigenen Leben. Wer glücklich leben will, muss nicht vorher erst die Welt revolutionieren und auch nicht erst einmal die äußeren Umstände nach seinen Wünschen und Vorstellungen arrangieren. Schau in dich, erkenn dich selbst. Nach innen geht der Weg zum Glück – zunächst zumindest. Denn das, wonach wir uns sehnen und das, wovor wir Angst haben und wovor wir davonlaufen, tragen wir alles in uns. Unser eigenes Herz, unsere eigene Wirklichkeit ist der Humus für die Pflanze Glück.

Dahinter ist aber auch eine feste Überzeugung: der Glaube, dass die Sehnsucht nach dem Himmel, nach einem »ewigen Leben«, unausrottbar in uns steckt, ja dass dies die eigentliche Wahrheit ist – auch wenn sie sich versteckt oder maskiert oder zugeschüttet und verdeckt ist. Wer das Geheimnis der Transzendenz nicht wahrnimmt, verpasst die Chance seines Lebens: »Leben in Fülle«.

»Leben in Fülle« dieses Bild steht dafür, dass man das Himmlische im Alltag wirklich finden kann, im Hier und Heute, und nicht vertröstet wird auf ein Jenseits, irgendwann. Es meint aber auch: Wir können auch unsere Begrenztheit gelassen akzeptieren. Was wir jetzt schon erfahren können, ist etwas, dessen Vollendung in Fülle wir für uns erhoffen. Die Spannung zwischen Erwartung und Erfüllung hält uns jetzt lebendig – und sie wird einmal endgültig aufgehoben sein in der Erfüllung aller Sehnsucht. Dass wir begrenzt sind, zwingt uns also keineswegs, Leben krampfhaft »als letzte Gelegenheit« zu sehen und so viel wie möglich hastig-gierig noch schnell in uns hineinzuschlingen. Das Schwere wird leicht, wenn der Gedanke an den Tod noch das Gefühl der Dankbarkeit hervorruft, dass ich leben darf und mich achtsam dafür macht, dass ich jetzt bewusster lebe.

Glücklichsein und Unglücklichsein hat also auch eine spirituelle Wurzel. Das heißt in der Konsequenz: Achtsam sein auf die Momente, in denen Ewigkeit in die Zeit einbricht, in denen alle Hektik aufhört und alle Gegensätze auf einmal aufgehoben sind. Die Beziehung zum Transzendenten ist entscheidend. Das macht meinen eigentlichen Wert aus. Das ist der Grund, der mir Sicherheit gibt. Ohne den Himmel über uns aber verlieren wir den Boden unter uns. Mit einem Baum kann man das vergleichen, der im Boden einwurzelt, aber seine Kraft auch aus den Ästen zieht, den »Luftwurzeln«, der Ausrichtung nach oben. Dieses Ausstrecken nach der Transzendenz, so Grün, bringt in Berührung mit einer Kraft, die alles verwandelt. Das ist der alles entscheidende Punkt, denn diese Kraft ist Liebe, die mein Leben stark machen kann, heilig, unberührbar, ganz. Wer das realisiert, der kann anders leben.

Auch wenn es keine Rezepte für ein solches Leben gibt und keine systematisch ausformulierten Anweisungen, so hat diese Sicht doch ganz praktische Konsequenzen für den Alltag, für den Umgang mit uns selber, für unsere Arbeit, für Beziehungen zu anderen Menschen, für unser Verständnis und unsere Gestaltung von Zeit. Und für unsere Einstellung zum Leben überhaupt.

Der Kern des Glücks ist für Anselm Grün: Sei, der du bist – aber kreise nicht ständig um dein Ego. Mach dir nichts vor. Akzeptiere, dass du kein Held bist, und nimm dich nicht so wichtig. Arbeite an deinen Schwächen. Aber verbeiße dich nicht in sie. Lass sie los. Nimm dich an mit deinen Ungereimtheiten, deinen Gegensätzen. Denn nur wenn du es mit dir selber aushältst, kommst du weiter. Nur dann wirst du menschlich. Wer barmherzig mit sich selber ist, kann auch zu anderen gut sein.

Wer bei sich ist, kann dann auch für andere zum Segen werden. Entzieh dich also den Erwartungen, die andere an dich stellen. Lebe selbst, und lass dich nicht von äußerem Druck bestimmen. Pass dich nicht an, sondern suche den Einklang mit dem tiefsten Kern in dir – und du wirst die Harmonie nicht nur mit dir selber finden, sondern sie auch wieder ausstrahlen können. Suche tiefe Beziehungen und nimm sie als Geschenk: in der Freundschaft und in der Liebe. Trau jeder Liebe – und geh ihr auf den Grund. Nur mit dem Herzen siehst du gut.

Arbeit und Kontemplation gehörten für die Mönche immer schon zusammen. Von ihnen können wir noch heute lernen. Also sei aktiv. Gib deiner Arbeit Sinn, aber geh nicht in ihr auf. Auf die Balance kommt es an im Leben. Nütze die Zeit, um dich und andere zu finden. Verlier dich nicht im Alltagsstress. Such die Stille. Wer sich wandeln will, wer reifen und wachsen möchte, der braucht den Raum der Ruhe. Gib deiner Seele Atem. Lass dich nicht von Niederlagen und Verwundungen nieder drücken. Alles kann zur Chance werden.

Im Zentrum dieser Lebenskunst steht ein Urvertrauen, das sagen kann: Sorge dich nicht. Lebe jetzt. Sei ganz im gegenwärtigen Augenblick – und genieße ihn. Das meint nicht Hätschel-Wellness für verzärtelte Seelen. Das heißt vielmehr: Wach auf zum Leben. Sei nicht ständig woanders, sondern hier, bei dir, bei dem Menschen, der dir nahe steht, bei dem, was gerade wichtig ist. Klammere dich nicht an das, was einmal war. Lass gut sein.

»Schwerer werden. Leichter sein.« Beides kann zusammengehen: das Loslassen und die Fülle, der Himmel und die Erde, Zeit und Ewigkeit, Menschliches und Göttliches. Die Kunst liegt da-

rin, offen zu sein für beides und die Balance zwischen den Polen immer wieder neu zu gewinnen.

Ist diese Lebenskunst schwer? Ja und nein. Am Ende aber ist sie von einer überirdischen Heiterkeit, die die Schwebe hält zwischen Himmel und Erde. Für Anselm Grün kulminiert Lebenskunst nämlich in einem Augustinus-Wort. »Lerne tanzen, sonst wissen die Engel im Himmel mir dir nichts anzufangen.«

Das erinnert – über die Zeiten hinweg – an ein Wort Friedrich Nietzsches: »Das Gute ist leicht. Alles Göttliche läuft auf zarten Füssen.« Solche beschwingte, erlösende Leichtigkeit, hier und jetzt und im eigenen Leben, – das wäre der Himmel auf Erden.

Der Kern des Glücks –
sei, der du bist

Nimm dich an,
sei gut zu dir

Der Kern des Glücks

»Der Kern des Glücks: der sein zu wollen, der du bist.«
(Erasmus von Rotterdam)

In meiner Jugend habe ich berühmten Vorbildern nachgeeifert. Ich wollte unbedingt so belesen und so scharfsinnig sein wie der große Theologe Karl Rahner, und mein Traum war, so singen zu können wie der strahlende Tenor Fritz Wunderlich. Ich weiß heute natürlich: Wer sich an nur den Sternen orientiert, kann leicht die Bodenhaftung verlieren. Aber es stimmt immer noch auch dies: Vorbilder haben einen Sinn. Sie werden zwar im Lauf eines Lebens wechseln – und sollen das auch. Aber ein motivierender Ansporn geht auf jeden Fall von ihnen aus, auch wenn im Verlauf der Entwicklung die Umstände sich ändern und die Ziele andere werden – und damit auch die Vorbilder. Vorbilder fordern mich immer auch dazu heraus, an mir zu arbeiten. Und sie helfen mir dabei, auch innerlich weiterzukommen. Aber: Wenn ich nur auf sie fixiert bin, werde ich nie mit mir zufrieden sein können.

Heute bin ich dankbar für das, was ich bin. Natürlich kenne ich manchmal noch Gedanken wie: »So gut möchte ich formulieren können wie Augustinus oder wie Erhart Kästner.« Oder: »Wenn ich im Gespräch doch ebenso klar intervenieren könnte wie mein Supervisor das macht.« Doch wenn ich das merke, dann versuche ich, bei mir zu sein und mir vorzusagen: »Ich bin ich. Und es ist gut so, wie ich bin. Ich tue das, was für mich stimmt.« Wenn es mir dann gelingt, ganz im Einklang mit mir selbst zu sein, und dankbar anzunehmen, was Gott mir an Fähigkeiten gegeben hat, aber auch dankbar zu sein für die Grenzen, die ich wahrnehme, dann ahne ich, was wirkliches Glück ist. Noch mehr: Dann kann ich von mir sagen, dass ich glücklich *bin*. Es ist gut so, wie es ist. Ich sitze da, atme ein und aus und genieße es, das

Leben zu spüren, mich in meiner Einmaligkeit wahrzunehmen. Dann schmecke ich das Leben, dann koste ich das Glück. Ich muss nichts gewaltsam oder verbissen ändern, nicht ständig hart an mir arbeiten. Ich bin der, der ich bin, von Gott so geformt und gebildet, in seiner Liebe geborgen, bedingungslos bejaht. Dann ist Frieden in mir. Dann ist alles gut.

Erasmus von Rotterdam, der große Humanist und Menschenkenner, hat es in einem Satz auf den Punkt gebracht.

Alles ist in dir

»Wovor du wegläufst und wonach du dich sehnst, beides ist in dir selber.« Der indische Seelenführer Anthony de Mello hat das gesagt. Und in der Tat: Viele Menschen sind auf der Flucht vor sich selbst. Sie laufen vor ihrer Angst davon oder fliehen vor ihren Schuldgefühlen. Sie laufen vor bedrohlichen Situationen und Konflikten mit anderen davon. Doch alles, wovor sie fliehen, ist *in* ihnen. Sie können gar nicht vor sich selber weglaufen, denn sie nehmen alles mit.

Mich erinnert das an den Mann, der versuchte, vor seinem eigenen Schatten davonzulaufen. Er steigerte sein Tempo beim Laufen, um den Schatten loszuwerden. Doch sobald er sich umsah, erblickte er wieder den Schatten. Er konnte ihn nicht abschütteln. Er hetzte weiter und rannte, bis er tot umfiel. Genauso wenig können wir das ablegen, wovor wir davonlaufen. Wir nehmen es mit. Es ist in uns. Davonzulaufen und sich abzuhetzen bringt nichts. Wir werden es auf diese Weise nie loswerden. Es bleibt uns nur eines übrig: stehen zu bleiben und uns mit dem auszusöhnen, was in uns ist.

Der erste Schritt der Aussöhnung besteht darin, dass wir uns erlauben, dass das, wovor wir am liebsten weglaufen würden, in uns bleibt und auf diese Weise nicht abzuschütteln ist. Wir verzichten darauf, es zu bewerten. Es ist, wie es ist. Und es darf so sein.

Der zweite Schritt besteht dann darin, sich liebevoll dem zuzuwenden, was wir in uns so sehr ablehnen. Es gehört zu mir. Es ist ein Teil von mir. Und auch dieser Teil will geliebt werden.

Aber nicht nur dieser Angstreflex, auch die Sehnsucht ist in uns und treibt uns an: die Sehnsucht nach absoluter Heimat, Geborgenheit und Liebe. Die Sehnsucht können wir nicht totschlagen.

Sie ist die Spur, die Gott in unser Herz gegraben hat, um uns an sich selbst zu erinnern. Die Sehnsucht ist in uns als eine Kraft, die uns über diese Welt hinausführt. Auch das, wonach wir uns sehnen, ist immer schon in uns. Wir sehnen uns nach Erfolg, nach Liebe, nach Anerkennung, nach Frieden, nach Heimat. All das ist schon in mir. In mir ist die Liebe. Ich brauche sie nur wahrzunehmen. In mir ist Heimat. Wenn das tiefste Geheimnis des Lebens selbst in mir wohnt, kann ich in mir selbst daheim sein. In mir ist Erfolg. Wenn ich ja sage zu mir, so wie ich bin, spüre ich mich, spüre ich Lebendigkeit und Weite. Was ist denn Erfolg? Es glückt mir etwas. Und wenn mir etwas glückt, bin ich glücklich. Das Glück ist also schon in mir. Ich muss es mir nicht erkaufen. Ich muss es nicht durch äußeren Erfolg erreichen. Ich brauche nur in Einklang zu kommen mit mir selbst, mich an dem freuen, was von mir ausgeht, dann werde ich diese beglückende Harmonie als Kraft wahrnehmen, die sich selbst genügt, aber auch nach außen strahlt. Die Anerkennung ist auch in mir. Wenn ich mich selber anerkenne, muss ich der Anerkennung nicht nachlaufen. Dann ist es nicht mehr so wichtig, ob die anderen mich anerkennen.

Die eingangs zitierte Erkenntnis Anthony de Mellos lädt uns ein, unsere Sehnsüchte genau anzuschauen, immer wieder innezuhalten und uns zu vergewissern: All das, wonach ich mich sehne, das ist schon in mir. Wenn ich stehen bleibe und nach innen höre, finde ich schon alles in mir. Das ist die tiefste Wahrheit meines Lebens: Gott ist in mir. Und damit ist alles, wonach ich mich sehne, in meinem Herzen. Es geht darum, vor dieser Wahrheit nicht davonzulaufen, sondern innezuhalten und sich ihr zu stellen. So paradox es klingt: Dieses Innehalten ist die Voraussetzung für jeden menschlichen und geistlichen Fortschritt.

Ein Raum in mir

Jammern ist heute an der Tagesordnung. Da beklagt sich der eine darüber, wie viel Arbeit man hat, der andere, wie man nicht mehr zurechtkommt mit den Erwartungen der anderen, und wieder ein anderer spricht davon, wie er sich allein gelassen fühlt, in dem, was er vorhat und leistet.

Der Alltag gibt sicher zu vielen Klagen Anlass. Aber wir sind doch mehr als nur Pflichterfüller oder Krisenmanager oder Konfliktlöser. Wir haben in uns einen Raum, zu dem die alltäglichen Probleme keinen Zutritt haben, in dem wir aufatmen können, weil Gott selbst uns darin befreit von der Macht der Menschen und von der Macht des eigenen Über-Ichs, von der Macht der Selbstbeschuldigungen und Selbstvorwürfe. In diesem Raum kann ich die Erfahrung machen: Ich habe Fehler, aber ich bin nicht meine Fehler. Ich habe Schuld, aber ich bin nicht meine Schuld. In diesem Raum wird all das, was mir zu schaffen macht, relativiert. Es hat keine letzte Macht über mich. Dieser Raum ist frei von Wut und Angst, frei von Enttäuschungen und Selbstvorwürfen. Ich kann zu allem, was in mir ist, ja sagen. Ich muss in diesem Raum meine Schwächen nicht mehr bekämpfen und besiegen und mir dabei den Kopf wundstoßen. Ich weiß, dass in diesem Raum nichts über mich Macht hat. Weil ich dort schon heil und ganz bin, darf ich sanft und gut mit mir umgehen.

Erkenne Dich selbst

»Was nützt es uns, zum Mond reisen zu können, wenn es uns nicht gelingt, den Abgrund zu überwinden, der uns von uns selbst trennt? Dies ist die wichtigste aller Entdeckungsreisen; ohne sie sind alle anderen nicht nur nutzlos, sondern zerstörerisch.« Der Trappist und geistliche Schriftsteller Thomas Merton hat diese Warnung formuliert, unmittelbar nachdem die erste Landung eines Menschen auf dem Mond die Welt in Bann schlug und optimistische technische Utopien die Phantasie ins scheinbar Grenzenlose beflügelten.

Das liegt Jahrzehnte zurück – und ist so wahr wie damals: Neulich erzählte mir eine Frau von ihrem ehemaligen Freund, der ein erfolgreicher Unternehmer ist, aber sie als Frau verlassen hat, als sie von ihm schwanger wurde. Von vielen wird dieser Mann bewundert. Doch er merkt gar nicht, wie er Frauen behandelt, sobald sie sein Image ankratzen. Da spürt man, wie weit er von sich selbst entfernt ist. In seinem Beruf verfolgt er ehrgeizige Projekte. Er bewegt die halbe Welt. Doch den Weg zu sich selbst findet er nicht. Er ist nicht in Berührung mit seiner schwachen Seite, die er durch erfolgreiche Aktionen nach außen zudecken muss. Solange er nicht den Abgrund überwunden hat, der ihn von seinem wahren Selbst trennt, wird von ihm nie wirklicher Segen ausgehen. Er wird immer wieder Menschen verletzen. Er muss andere klein machen, um an seine Größe glauben zu können. Er muss »Bewunderungszwerge« um sich sammeln, wie der Münchner Therapeut Albert Görres es einmal formuliert hat. Doch alles, was ihm helfen könnte, das eigene Selbst zu erkennen, lehnt er ab. So wird sein Tun, auch wenn es auf den ersten Blick noch so erfolgreich ist, immer wieder Menschen zerstören und letztlich auch keinen Segen bringen für diese Welt.

Überschätz dich nicht

Alle Religionsstifter und die großen Weisheitslehrer aller spirituellen Traditionen der Menschheit zeigen uns ähnliche Wege wahrer Lebenskunst. Ihre Weisheit hat eine gemeinsame Quelle, aus der alle Menschen, alle Kulturen und Religionen schöpfen. »Drei Dinge im Leben sind zerstörerisch: Zorn, Gier und Selbstüberschätzung.« Diese Einsicht hat Mohammed formuliert. Sie ist heute so aktuell wie vor nahezu eineinhalb tausend Jahren. Und sie findet ihre Entsprechung in der Psychologie christlicher Mönchsväter, die noch vor Mohammed lebten.

Die drei Dinge, die Mohammed als Lebenszerstörer versteht, entsprechen den drei Bereichen, aus denen die neun Laster entspringen, die Evagrius Ponticus, der wohl bedeutendste christliche Mönchsschriftsteller, im vierten Jahrhundert beschrieben hat. Evagrius unterscheidet im Einklang mit der griechischen Philosophie drei Bereiche im Menschen, den begehrlichen, den emotionalen und den geistigen Bereich. Und jedem Bereich ordnet er drei Leidenschaften zu, die zunächst wertfrei sind, die aber auch zu Lastern werden können, wenn der Mensch nicht bewusst und achtsam mit ihnen umgeht.

Der begehrliche Teil, von dem Evagrius spricht, entspricht in der Analyse Mohammeds der Gier. Die Gier kann sich beziehen auf das Essen (Völlerei), auf die Sexualität (Unzucht) und auf den Besitz (Habgier). Der Gierige kann nicht genießen, weder das Essen noch die Sexualität, noch den Besitz. Er muss immer mehr in sich hineinschlingen, um seine innere Leere zu verdecken. Er braucht immer neue sexuelle Kontakte, um in seiner Erstarrung überhaupt etwas Lebendigkeit zu spüren. Und er wird vom Besitz besessen. Er kann sich nicht ausruhen, sondern wird dazu getrieben, immer noch mehr zu besitzen, anstatt das, was er hat, zu genießen und sich daran zu freuen.

Im emotionalen Bereich unterscheidet Evagrius zwischen Traurigkeit, Zorn und *akedia* (Lustlosigkeit, Trägheit). Aber alle drei emotionalen Fehlhaltungen haben letztlich mit dem unbewältigten Zorn zu tun. Aggression kann ja auch eine positive Kraft sein. Doch wenn ich sie in mich hineinfresse, wird sie entweder zur Depression (Traurigkeit, Selbstmitleid) oder zum Groll und zur Bitterkeit. Oder aber sie lässt mich nicht zur Ruhe kommen *(akedia).* Sie treibt mich hierher und dorthin, weil ich nicht weiß, wie ich mit der Energie meiner Aggression auf angemessene Weise umgehen kann.

Im geistigen Bereich nennt Evagrius als die drei Gefährdungen des Menschen: Ruhmsucht, Neid und Hybris.

Mohammed fasst diese drei Laster in das der Selbstüberschätzung zusammen. Wer sich selbst überschätzt, der lebt an sich vorbei, der zerstört sich selbst. Er weigert sich, seine Wirklichkeit anzuschauen und anzunehmen. Die Selbstüberschätzung wird dazu führen, dass er irgendwann einmal vom Podest seines hohen Selbstbildes abstürzt und zugrunde geht.

Begegne dir selbst

Begegne dir selbst – dies ist eine der wichtigsten Aufgaben für alle, die auf dem inneren Weg sind. Für die alten Mönche war die Bedingung für die Gottesbegegnung die Begegnung mit sich selbst und die Erkenntnis seiner selbst. »Willst du Gott erkennen, lerne vorher dich selber kennen.« Wer sich selbst nicht erkennt, der wird seine unbewussten Wünsche und Sehnsüchte, seine verdrängten Bedürfnisse auf Gott projizieren. Und so betet er seine eigenen Bilder an und berührt nicht den wahren Gott, der immer der ganz andere ist. Die Selbsterkenntnis befreit uns von den eigenen Illusionen, und dadurch ermöglicht sie uns einen klaren und unbefangenen Blick auf diese ganz andere Realität. Gott bleibt dann nicht mehr ein Bild der Seele, sondern er erscheint als der wirkliche, der uns gegenübertritt.

Es ist eine alte Einsicht, dass das geistliche Leben vor allem darin besteht, mit den Leidenschaften der Seele richtig umzugehen, von der Herrschaft der von Emotionen geprägten Gedanken loszukommen und in den Zustand der inneren Freiheit zu gelangen. Dabei geht es immer wieder darum, die Gefühle nicht zu bewerten, sondern sie einfach zuzulassen und anzuschauen. Und darauf kommt es auch immer wieder neu an: einen Dialog mit meinen Gefühlen und Leidenschaften zu führen, um die positive Kraft, die darin steckt, für mein inneres Leben fruchtbar zu machen. Nur wenn die Gefühle angeschaut und zugelassen werden, kann das geistliche Leben strömen. Das zeigt uns übrigens auch unser Atem, der eine integrative Struktur hat, sofern er in seinem Strömen Kopf, Herz und Bauch, Verstand, Gefühl und Vitalität verbindet, und der in seiner Dynamik auf den Weg menschlicher Selbstwerdung verweist: im Annehmen, Loslassen, Einswerden und Neuwerden – das wir im Fluss des Atmens immer wieder neu erfahren.

Gestalte dein eigenes Leben

Jeder darf sich selber die Frage stellen: Woraus schöpfst du? Was sind deine Wurzeln? Was prägt dein Denken und Fühlen? Und auch dieser positive Impuls kann im Leben jedes Einzelnen weiterwirken: Schaue dankbar auf das zurück, was du von den Menschen hast, die vor dir waren, von Ideen, die andere in diese Welt bringen. Auch durch dich selber will Neues aufleuchten. Gott ist der ewig Neue. Er hat auch mit dir einen neuen Anfang gesetzt. Er will durch dich neue Worte, neue Gedanken, neue Lösungen in diese Welt bringen. Gestalte dein Leben neu, so wie der ewig neue Gott es dir zutraut.

Werde fähig, dein eigenes Leben zu leben, damit es zu einer inspirierenden Quelle für andere wird. Hab den Mut, dein eigenes Leben zu leben. Du bist nicht festgelegt durch das Rad deiner Lebensmuster, die sich mit ihren spitzen Nägeln in dich einbohren. Ein Engel wird auch deine Lebensräder zerstören, damit du dein eigenes Leben leben kannst. Du bist nicht dazu verdammt, die Situationen des Verletztwerdens aus deiner Kindheit zu wiederholen. Das Rad ist zerbrochen. Du bist frei. Nun lebe aus der Weisheit, die Gott auch dir geschenkt hat.

Steh zu dir

Wir alle haben unsere Schattenseiten. Welcher »Drachen« zieht gegen dich zu Felde, welche negative Kraft droht dich zu verschlingen? Sind es depressive Gefühle oder Menschen, gegen die du dich nicht wehren kannst, weil sie deine hilflose Seite ansprechen? Auch in dir selber ist die Kraft. Du selber kannst dich wehren. Sich wehren heißt nicht, dass du einen Machtkampf mit dem führst, der dich bedroht. Es geht darum, standhaft zu sein, in dir zu stehen, zu dir zu stehen. Und du brauchst die Aggression, um dich zu wehren, damit die Angriffe des andern dich nicht verletzen. Wenn du mit deiner inneren Kraft in Berührung bist, dann haben Menschen keine Macht über dich. In dieser Kraft kannst du all die Gedanken und Gefühle aus dir herauswerfen, die dich nach unten ziehen möchten.

Wir alle brauchen einen festen Stand. Um die eigene Standfestigkeit zu spüren, kannst du folgende Übung machen: Stelle dich gut hin, die Füße etwa in Hüftbreite auseinander. Sage dir vor: »Ich habe Stehvermögen. Ich kann für mich einstehen. Ich stehe zu mir.« Spüre in dich hinein, ob die Sätze mit deinem Stehen übereinstimmen. Dann stelle dich ganz eng hin, mit hochgezogenen Schultern und sage die gleichen Sätze. Und dann stelle dich ganz breit hin, so wie die Cowboys in den Wildwestfilmen, und meditiere dich in diese Sätze hinein. Du wirst sehen, dass die beiden letzten Haltungen den Sätzen widersprechen. Wer einen zu engen Standpunkt hat, wer ängstlich an sich festhält, der kann nicht wirklich fest stehen. Und wer seine Stärke demonstrieren will, indem er sich allzu breitbeinig hinstellt, merkt gar nicht, wie leicht er umgestoßen werden kann. Wer in sich bzw. in Gott ruht, der steht fest, ohne sich festzukrallen. Er ist in sich klar. Er ist, wie er ist. Und dazu steht er. Darauf kann man sich verlassen.

Gedanken zulassen

Die vielen psychischen Ursachen für die Ruhelosigkeit des Menschen zeigen, dass die Unruhe nicht allein durch äußere Veränderungen verwandelt werden kann. Nur wer sich in aller Ruhe seiner Unruhe stellt, die Ursachen anschaut und nach Wegen sucht, mit sich selbst in Einklang zu kommen, wird die Ruhe finden, nach der er sich sehnt.

Wenn ich meine innere Unruhe aushalte und sie genauer anschaue, kann ich vielleicht entdecken, was sich in ihr regt. Da spüre ich, dass sie einen Sinn hat. Die Unruhe möchte mich von der Illusion befreien, ich könnte mich selbst durch Disziplin verbessern und in den Griff bekommen. Die Unruhe zeigt mir meine Ohnmacht. Wenn ich mich damit aussöhne, reinigt das die Seele und gibt neue innere Klarheit. Ich spüre mitten in meiner Unruhe einen tiefen Frieden. Die Unruhe darf also sein.

Wir sind nicht für die Gedanken verantwortlich, die in uns auftauchen, sondern nur dafür, wie wir mit ihnen umgehen. Wir sind also nicht schlecht, wenn Gedanken uns bedrängen. Denn nicht wir denken diese Gedanken, sondern sie kommen von außen auf uns zu. Diese Unterscheidung zwischen uns als Person und den Gedanken, die in uns einströmen, gibt überhaupt erst die Möglichkeit, mit den Gedanken richtig umzugehen. Da werden wir uns nicht gleich beschuldigen, wenn etwa Hass oder Eifersucht in uns sind. Wir werden vielmehr überlegen, wie wir darauf so reagieren können, dass sie uns nicht beherrschen.

Entdecke dein wahres Gesicht

Ein Grundsatz für unseren Lebensweg ist: »Lass dich nicht von andern bestimmen. Lass dir nicht von andern vorschreiben, welchen Weg du zu gehen hast. Geh deinen eigenen Weg. Werde du selbst. Entdecke deine ursprüngliche und unverfälschte Gestalt, die Gott dir zugedacht hat. Und hab Mut, das Ursprüngliche in dir zu leben. Wer warst du, bevor dich deine Eltern erzogen haben? Wer warst du in Gott, bevor du geboren wurdest?« Erinnere dich an deinen göttlichen Kern. Wenn du mit ihm in Berührung kommst, kannst du in Freiheit deinen eigenen Weg gehen.

Nicht immer zeigen wir unser wahres Gesicht, wir kennen es oft nicht einmal. Dabei ist gerade dies unsere Lebensaufgabe: Entdecke dein wahres Gesicht! Mach dich frei von allen krankmachenden Bildern, die du je in deiner Lebensgeschichte erfahren hast, von falschen Selbstbildern und von kranken Gottesbildern. Wenn du durch Jesu Antlitz dein ursprüngliches Gesicht erkennst, dann wird durch dich eine heilende Wirkung auf deine Umgebung ausstrahlen. Lerne in jedem Menschen das Antlitz Jesu zu entdecken. Wer das Antlitz Jesu in einem Menschen sieht, der hilft ihm, frei zu werden von den Bildern, die ihm übergestülpt wurden und die sein wahres Wesen verstellen. Versuche, die Menschen in Berührung zu bringen mit ihrem unverfälschten Bild und sie so zu ihrem wahren Selbst zu führen.

Hör auf die Träume

In den Träumen spricht Gott zu mir, er weist mich auf die eigene Wahrheit hin, auf Seiten in mir, die ich verdrängt habe. Und er zeigt mir immer wieder den Weg, den ich gehen muss. In den Träumen gibt mir Gott Weisung für meinen Weg. Und er verlangt meinen Gehorsam seinen Weisungen gegenüber. Er zeigt uns, wie wir uns entscheiden sollen, und hilft uns so, eine Orientierung in unserem Leben zu finden. In der klaren Weisung liegt etwas Befreiendes, Eindeutiges. Der Traum ist keine Gedankenspielerei, sondern er geht uns unbedingt an. Er hat Auswirkungen auf unser Tun, er verwirklicht sich in konkreten Taten in dieser Welt, ja er bestimmt wichtige historische Entscheidungen und Entwicklungen. Er setzt ein Geschehen in Gang, das Folgen hat. Es gibt Träume, in denen ich mit der eigenen Wahrheit konfrontiert werde, aber manchmal sind es auch religiöse und numinose Träume, in denen ein Licht aufleuchtet oder Gott mich anspricht. Die Träume zeigen mir, dass es nicht nur darauf ankommt, korrekt zu leben, sondern den Reichtum und die Weite meiner Seele zuzulassen, mich von Gott immer wieder auf meinen eigenen Weg führen zu lassen. Sie sagen uns, wann wir zu neuen Ufern aufbrechen und wann wir wieder heimkehren sollen.

Manchmal zeigt sich uns im Traum auch eine ganz andere Welt, eine Welt voller Lebendigkeit und Buntheit. Gerade bei Menschen, die in einer sehr eingeengten Umwelt leben, die von andern bestimmt und drangsaliert werden, eröffnet sich eine solche Weite, in der sich der Träumende frei und voller Phantasie fühlt. Der Traum zeigt uns dann den inneren Schatz, den uns niemand rauben kann.

Blick nach Innen

Wer nach außen schaut, träumt. Wer nach innen blickt, erwacht.« Kaum jemand hat so viel über den Sinn von Träumen und über den Weg der Selbstwerdung nachgedacht, wie der Schweizer Tiefenpsychologe C. G. Jung, von dem dieser nur auf den ersten Blick paradoxe Satz stammt.

In der Geschichte des Christentums gibt es zahlreiche Erweckungsbewegungen. Das sind Bewegungen von Menschen, die von sich behaupten, dass sie aufgewacht sind. Paulus fordert die Römer auf: »Die Stunde ist gekommen, aufzustehen vom Schlaf.« (Röm 13,11) Er versteht christliches Leben als Aufwachen aus dem Schlaf, sich bewusst dem Heil zuwenden, das Gott uns in Christus angeboten hat.

C. G. Jung hat ein eigenes Verständnis von Aufwachen entwickelt. Wer nur nach außen schaut, der lebt letztlich in einer Traumwelt. Er macht sich etwas vor. Er sieht nicht das Eigentliche. Erwachen heißt, nach innen schauen, in die Seele schauen. Nach innen schaut, wer auf seine Träume achtet, auf die Bilder, die im Traum aufsteigen und die ihm Wesentliches über seine Seele offenbaren. Nach innen schaut, wer auf die leisen Impulse achtet, die in seinem Herzen ertönen, sobald er still wird und schweigend horcht auf das, was ihm das Herz sagt. Wir meinen oft, introvertierte Menschen würden träumen. Sie hätten keinen Bezug zur Wirklichkeit.

Doch C. G. Jung beschreibt mit seinem Satz nicht introvertierte Menschen, die sich in sich selbst zurückziehen, sondern Menschen, die ganz in der äußeren Wirklichkeit stehen, es aber dennoch wagen, nach innen zu blicken. Jung hat es am eigenen Leib erfahren. Als erfolgreicher Psychiater kam er selber in eine tiefe Krise. Sie zwang ihn, nach innen zu schauen, den Abgründen seiner Seele nicht auszuweichen. Und gerade die Zeit, in der er wenig nach außen wirken konnte, sondern sich den inneren Bildern stellen musste, haben ihn zu den wesentlichen Einsichten geführt und ihn zu einem der einflussreichsten Psychiater des letzten Jahrhunderts werden lassen.

Sei gut zu dir

Sei gut zu dir selber, das heißt in erster Linie: Geh barmherzig mit dir um. Gut zu mir sein bedeutet nämlich: mit mir selbst zu fühlen. Es heißt, mich dem verletzten Kind in mir verbunden zu fühlen und Mitleid mit ihm zu haben. Auf die eigenen inneren Wunden mit dem mitfühlenden Blick des Herzens zu sehen, mit der Zuwendung eines herzlichen Mitgefühls zu reagieren. Nicht gegen meine eigenen Schwächen zu wüten, sondern sich ihnen liebevoll zuzuwenden und mit ihnen zu fühlen. Nur unter einem zärtlichen Blick wird sich ihre Armseligkeit wandeln. Gut zu sich zu sein meint also nichts anderes, als mein eigenes Herz zu öffnen gegenüber dem, was in mir unglücklich und einsam ist. Wenn ich die Kunst lerne, mit dem Armseligen in mir herzlich und barmherzig umzugehen, kann gerade dieses Armselige zu einer Quelle des Segens – und einer Quelle tieferen Glücks werden.

Gut zu sich selber sein, das heißt nicht, sich immer und überall zu entschuldigen und seine eigenen Fehler nicht zu sehen. Aber auch nicht das Gegenteil: Es tut keinem gut, sich immer nur selber zu beschuldigen, sich in Schuldgefühlen zu zerfleischen und an sich immer nur das Schlechte zu entdecken.

Lerne zu akzeptieren, dass du kein Held bist. Lass dich nicht lähmen durch deine Fehler und Schwächen. Schau sie an, verdränge sie nicht, akzeptiere, dass du fehlbar bist – und arbeite an deinen Schwächen. Aber verbeiße dich nicht in sie. Lass sie los. Wenn Gott dir vergibt, darfst auch du dir vergeben. Sei barmherzig mit dir selber.

Es lohnt sich,
die Tage zu leben

Nimm dir Zeit –
gib deiner Seele Atem

Alles hat seine Zeit

»Ihr habt die Uhren, wir haben die Zeit.« Ein alter Indianer soll dies einem forschen weißen Geschäftsmann zur Antwort gegeben haben. Hinter dieser Antwort steckt eine tiefe Einsicht darüber, wie wir mit den Anforderungen und den Möglichkeiten des Lebens umgehen. Und es wird auch deutlich, wie sehr ein mechanisches und ein spirituelles Verständnis von Zeit gegeneinander stehen.

Die Griechen unterscheiden zwischen *chronos* und *kairos*. Chronos ist die messbare Zeit. Nicht umsonst sprechen wir vom Chronometer, vom Zeitmesser. Im Westen unterwerfen wir uns der messbaren Zeit. Wir machen minutengenaue Termine aus, schauen ständig auf die Uhr, ob der andere seinen Termin auch pünktlich wahrnimmt, ob wir selbst auch zur vereinbarten Zeit eintreffen. Alles muss in einer ganz bestimmten Zeit bewältigt werden. Die messbare Zeit zwingt uns, unser Leben in ein enges Korsett zu zwängen. Der Gott des Chronos ist ein Tyrann.

Die Indianer huldigen eher dem Gott Kairos. Kairos ist der günstige Augenblick, die willkommene Zeit. Während *chronos* die quantitative Zeit meint, bezeichnet *kairos* eine besondere Qualität der Zeit. Es ist der zu ergreifende Augenblick, auf den ich mich einlasse, in dem ich ganz da bin. Die Indianer verstehen unter Zeit offensichtlich den rechten Augenblick. Sie lassen sich Zeit. Sie genießen die Zeit. Sie erfahren die Zeit. Wer sich dem Diktat des Chronos unterwirft, der erfährt die Zeit nicht als etwas Willkommenes und Wohltuendes, sondern als Tyrannei. Die Indianer nehmen die Zeit wahr. Wenn ich ganz im Augenblick bin, dann erfahre ich die Zeit. Dann steht die Zeit manchmal still. Und ich erfahre, dass jetzt der rechte Zeitpunkt ist, entweder innezuhalten oder etwas zu tun, etwas wachsen zu lassen oder etwas zu entscheiden. Von dieser Zeit sagt der alttestamentliche Weise, der im Buch Kohelet die Weisheit Griechenlands mit der Weisheit Israels verbunden hat: »Für jedes Geschehen unter dem Himmel gibt es eine bestimmte Zeit: eine Zeit zum Gebären und eine Zeit zum Sterben, eine Zeit zum Pflanzen und eine Zeit zum Abernten der Pflanzen, eine Zeit zum Töten und eine Zeit zum Heilen, eine Zeit zum Niederreißen und eine Zeit zum Bauen, eine Zeit zum Weinen, eine Zeit für die Klage und eine Zeit für den Tanz.« (Koh 3,1–4)

Spüre die Zeit

»Alle versuchen, die Zeit totzuschlagen. Und keiner will sterben.« Es ist ein paradoxer Satz, den dieses französische Sprichwort formuliert. Wir schlagen die Zeit tot. Aber indem wir die Zeit totschlagen, wollen wir dem Tod selber aus dem Weg gehen. Wir schlagen die Zeit tot, um dem Tod nicht begegnen zu müssen. Der eine schlägt die Zeit tot, indem er von einem Fernsehprogramm zum andern hüpft, der andere, indem er seine Zeit mit leeren Aktivitäten voll stopft. Der eine weicht der Zeit aus, indem er sich dem Gerede hingibt. Man redet über Belangloses, nur damit die Zeit vergeht. Man möchte die Zeit nicht spüren, weil man mit der Zeit auch ihre Begrenztheit wahrnehmen würde. In der Begrenztheit schaut der Tod in unsere Zeit hinein. Er ist die eigentliche Grenze für unsere Zeit. Wir schlagen lieber die Zeit tot, als dem Tod in die Augen zu schauen. Doch nur wer sich dem Tod stellt, wird die Zeit bewusst wahrnehmen und erleben.

Der Tod zeigt uns, worauf es wirklich ankommt. Wir können nichts mitnehmen, weder unsern Erfolg, noch unsern Besitz, noch die Menschen, die wir lieben. Wir können nur unsere leeren Hände ausstrecken und uns in liebende Arme fallen lassen. Im Angesicht des Todes können wir ge lassen leben, im richtigen Abstand zu den Dingen. Unsere Arbeit, unser Besitz, die Menschen um uns herum, alles erhält sein richtiges Maß. Mit dem Tod leben heißt auch, bewusst und ganz in der Gegenwart leben, spüren, was Leben im letzten ist: ein Geschenk. Es kommt nicht auf unsere Leistung an.

Lebendige Zeit gelingt also nur dem, der den Tod wahrnimmt.

Tot wird die Zeit, wenn der Tod verdrängt wird.

Entschleunigen

»Wer vertraut, wird nichts beschleunigen wollen« (Jesaja 28,16).

Nicht nur in der Wirtschaft, in allen Bereichen der Gesellschaft wird immer mehr beschleunigt. Weise Menschen setzen dagegen auf Entschleunigung. Dahinter steht die Erkenntnis, dass der Mensch krank wird, wenn sein Leben immer schneller wird. Der Prophet Jesaja hat schon vor 2 700 Jahren erkannt, dass der Grund aller Beschleunigung und Hast mangelndes Vertrauen ist. Wer vertraut, der lässt die Dinge, wie sie sind. Er traut dem Wachstum, das im Wesen der Dinge liegt. Die Pflanze wächst nach ihrem inneren Gesetz. Auch der Mensch hat seinen Rhythmus, der für sein Leben passt. Wenn dieser Rhythmus immer schneller wird, kommt die Seele nicht nach. Sie wird verwirrt. Wer meint, er müsse immer schneller werden, wird letztlich von der Angst getrieben. Die Angst ist die Triebfeder der Beschleunigung. Wer Angst hat, kann nicht stehen bleiben. Er kann nicht warten. Er kann nicht zuschauen. Er muss alles selbst in die Hand nehmen, weil er meint, sonst würden sich die Dinge seiner Hand entziehen. Er misstraut allem, was er nicht selber tut. Und er hat Angst vor den kleinen Unterbrechungen des Alltags. Da würde er ja mit sich selbst konfrontiert. Doch das kann er nicht aushalten, also muss er immer tätig sein, immer etwas in der Hand haben, was er vor sein Herz halten kann, damit er die Unruhe und Ängstlichkeit seines Herzens nicht wahrnimmt.

Geschenkte Zeit

»Man verliert die meiste Zeit damit, dass man Zeit gewinnen will.«

Es war ein kluger Mann, der das gesagt hat.

Zeit ist Geld. Das ist unser heutiges Motto. Die Arbeit wird nach Minutentakt eingeteilt. In die kurze Arbeitszeit wird alles hineingepackt, damit sie möglichst effektiv wird. Doch mit der gewonnenen Zeit können die meisten Menschen nichts anfangen. Sie können die Zeit nicht genießen, sondern packen in ihre Freizeit möglichst viele »events« hinein. Es muss auch in der Freizeit etwas los sein. Man muss die Zeit nützen. Doch wenn man beobachtet, womit die Zeit genutzt wird, so merkt man, dass es entweder andere Tätigkeiten sind oder aber Vergnügen. Doch bei den vielen Aktivitäten kommt oft nichts heraus. Und die Vergnügen verhelfen nicht wirklich zur Ruhe. Auch in der Freizeit findet der Mensch keine Ruhe. Er lenkt sich nur ab. Er läuft vor der eigenen Wahrheit davon. Ruhe findet nur, wer sich seiner inneren Wirklichkeit stellt und sie bejaht, wie sie ist. Wer Zeit wirklich gewinnen will, muss keine Zeitstrategien entwickeln, wie es im heutigen Management üblich ist. Derjenige gewinnt vielmehr am meisten Zeit, der in jedem Augenblick ganz präsent ist. Für den gibt es keine verlorene Zeit. Für den ist jede Zeit erfüllte Zeit. Ganz gleich, ob er arbeitet oder nichts tut, ob er liest oder Musik hört, ob er spazieren geht oder mit seinen Kindern spielt, er ist ganz in dem, was er tut. Er spürt das Geschenk der Zeit, für ihn ist alles geschenkte Zeit. Er muss die Freizeit nicht der Arbeitszeit abzwingen, für ihn ist jede Zeit freie Zeit, Zeit zu leben.

Reifen lassen

Nur der Geduldige erntet, was reif ist«, so lautet ein afrikanisches Sprichwort. Was es besagt, gilt auch bei uns: Reifen braucht seine Zeit. Es gibt Früchte, die sehr langsam reifen. Das Korn braucht neun Monate, um heranzureifen. Der Mensch ist nur neun Monate im Mutterschoß, aber er braucht sein ganzes Leben lang, um reif zu werden. Ganz reif wird die Frucht des Menschen erst durch seinen Tod.

Das deutsche Wort »Geduld« kommt von »dulden = tragen, ertragen, auf sich nehmen«. Mit dulden verbinden wir, dass jemand etwas Schweres auf sich nimmt, dass er Leid trägt. Geduld bedeutet jedoch heute eher: »Langmut, Ausharren, Warten«. Die Italiener rufen einem Ungeduldigen zu: »Patientia«. Dieses Wort hängt zusammen mit dem Italienischen »pati = leiden«. Offensichtlich spiegeln die deutsche und italienische Sprache die Erfahrung wider, dass der, der warten muss, etwas Schweres auf sich nimmt. Was ist das Schwere, das der Geduldige trägt? Es ist kein Leid. Es ist nur die Zeit. Es ist die Zeit, in der er nichts tun kann als warten. Und das ist offensichtlich für viele Menschen das Allerschwerste. Sie meinen, jeden Augenblick im Griff zu haben, alles selber machen zu können. Geduldig sein heißt, einfach da sein, warten, bis etwas reif ist. Nur wer das Nichtstunkönnen, das Nichtssehen, das Ausgeliefertsein an die Prozesse des Wachsens und Reifens aushält, wird ernten können, was reif ist. Es liegt wohl in der Natur des Menschen, dass er alles selber machen will. Im Warten trägt er schwer an seiner Ohnmacht, dass das Wachsen und Reifen nicht ihm gehorcht, sondern einem anderen, dem inneren Prozess oder Gott, der das Wachsen und Reifen bewirkt.

Im Rhythmus leben

»Wer die Nacht nicht ehrt, ist des Tages nicht wert.« Dieses italienische Sprichwort enthält eine tiefe Weisheit: Die frühen Mönche haben die Nacht immer heilig gehalten. Die Nacht ist der Raum des Schweigens, in dem Gott zu mir sprechen möchte. Gott spricht zu mir im Traum und zeigt mir, wie es um mich steht oder welche Schritte mich zum Leben führen. Gott spricht zu mir, wenn ich nachts aufwache und nicht mehr schlafen kann. Im Schlaf tauchen wir nach einer jüdischen Tradition in die eigentliche Wirklichkeit ein. Wir werden angeschlossen an das göttliche Leben. Das nächtliche Schweigen gibt dem Schlaf und dem Traum einen helfenden und heiligen Raum. Die Stille der Nacht täte uns daher allen gut.

Für viele Menschen wird die Nacht heute zum Tag. Sie sitzen halbe Nächte vor dem Fernseher. Andere sind Nachtarbeiter. Sie kommen nicht ins Bett, weil sie dies oder jenes noch erledigen wollen. Andere bleiben bei einer gesellschaftlichen Runde einfach sitzen. Sie meinen, etwas zu verpassen, wenn sie ins Bett gehen. Wer kein Gespür hat für die Würde der Nacht – so meint das italienische Sprichwort –, der wird auch den Tag nicht gut bestehen. Er wird müde in den Tag hineinschlittern und nur halb mitbekommen, was am Tag geschieht. Er wird keinen Blick haben für das Geheimnis des Morgens, für die Frische des Morgens, die das Herz erquickt, für das Aufsteigen des Lichtes, das das Herz erhellt. Nur wer im Rhythmus des Tages und der Nacht lebt, erfährt das Geheimnis des Lebens.

Tag und Nacht sind Bilder für das Leben. Der Morgen hat eine eigene Qualität. »Morgenstund hat Gold im Mund«, sagt das Sprichwort. Wer den Morgen bewusst erlebt, wird voller Schwung am Vormittag an die Arbeit gehen. Er wird die Müdigkeit des

Mittags genießen und sich die Pause eines kurzen Mittagsschlafes gönnen. Er wird den Nachmittag mit seinen eigenen Stimmungen erfahren. Und er wird den Abend dankbar genießen, sich ausruhen von der Arbeit des Tages. Er wird am Abend Abschied nehmen vom Tag, um sich in Gottes gütige Hände fallen zu lassen. Wer den Rhythmus des Tages und der Nacht durcheinanderbringt, dessen Seele wird verwirrt. Er verliert das In-sich-Ruhen, das Sich-Hineinschwingen in den Rhythmus des Lebens.

Wer hetzt, der hasst sich selbst

»Nimm dir Zeit – und nicht das Leben!« Was die Verkehrswacht als Motto – und als Aufforderung für bedächtiges Tempo beim Autofahren – formuliert hat, das birgt eine tiefere Wahrheit in sich. Wir dürfen uns die Zeit nehmen. Sie liegt uns bereit. Wir brauchen sie nur zu ergreifen, wir brauchen sie nur ganz bewusst zu erleben. Dann nehmen wir uns Zeit, dann genießen wir die Zeit. Sich das Leben nehmen hat im Deutschen eine andere Bedeutung: den Suizid. Wer sich keine Zeit nimmt, der verdirbt sich das Leben und oft genug bezahlt er seine Ruhelosigkeit und Hetze mit dem Leben. Wer hetzt, der hasst sich selbst. Er lebt nicht für sich, sondern gegen sich. Er verwechselt Leben mit Hast und Hetze. Das führt häufig zu Schlaganfall und Herzinfarkt. Das, was man mit der Hetze alles erreichen wollte, wird einem jählings aus der Hand gerissen. Wer sich dagegen Zeit nimmt, der hat mehr Zeit für das, was er im Leben verwirklichen möchte. Er wird ruhig an sein Ziel kommen. Er erlebt schon seine Lebensfahrt als Vergnügen und braucht sich nicht nach einer anstrengenden Fahrt zu erholen. Er holt sich in jedem Augenblick das, was er zum Leben braucht. Wer leben will, der muss sich Zeit nehmen. Das Leben vollzieht sich in der Zeit. Und nur wer sich auf seinen ihm angemessenen Zeitrhythmus einlässt, schwingt in das Leben ein, das für ihn stimmt.

Unruhe treibt uns an, weiter zu wachsen, nicht zu früh uns zur Ruhe zu legen, sondern wirklich zu leben. Aber dann braucht es auch wieder Phasen der Ruhe, in denen sich etwas setzen kann. Manchmal braucht die innere Unruhe gerade Zeiten der äußeren Ruhe, damit sie sich überhaupt zu Wort melden kann. Da bedarf es dann eines längeren Rückzugs, um die leisen Impulse zu hören, die einen beunruhigen und einem zeigen, dass das, was man gerade lebt, so nicht mehr stimmt.

Ewigkeit ist jetzt

Die Menschen verbringen ihre ganze Zeit mit Vorbereiten, Vorbereiten, Vorbereiten … Nur um dem nächsten Leben dann völlig unvorbereitet zu begegnen.« Das sagt der tibetische Weise Drakpa Gyaltsen über die Menschen im Westen.

Viele Menschen bereiten sich in der Tat ständig nur darauf vor, wirklich leben zu können, anstatt das Leben zu ergreifen, das schon da ist. Das Leben ist in jedem Augenblick. Wer ganz im Augenblick ist, der lebt jetzt schon. Doch oft benutzen wir unsere spirituellen oder auch psychologischen Techniken und Methoden lediglich dazu, uns für die Zukunft zu wappnen. Wir glauben, uns erst dann den heutigen Anforderungen stellen zu können, wenn wir unsere gesamte Vergangenheit aufgearbeitet haben. Doch manche bleiben in der Aufarbeitung ihrer Verletzungsgeschichte stecken. Sie kommen nie zum Leben. Andere bereiten sich durch gute Vorsätze darauf vor, irgendwann einmal gelassen und heiter leben zu können. Aber sie kreisen immer nur um die Vorsätze, die sie doch nicht erfüllen. Und sie kommen nie zur inneren Heiterkeit, die schon in ihnen bereitliegt. Sie bräuchten nur ihren ganzen Druck loszulassen, mit dem sie sich zwingen, die Voraussetzungen des Lebens zu erfüllen. Der Druck erzeugt kein Leben. Er behindert es nur.

Das Leben ist in jedem Augenblick gegenwärtig. Es liegt vor meinen Füßen. Ich muss es nur betreten. Ich brauche keine lange Vorbereitung. Der nächste Schritt ist ein Schritt ins Leben, wenn ich ihn bewusst vollziehe. Wer ganz im Augenblick lebt, der spürt hier und jetzt schon, dass Zeit und Ewigkeit zusammenfallen. Für den bricht die Ewigkeit in seine Zeit ein.

Lebe in der Gegenwart

Wenn uns Verzweiflung überkommt, liegt das gewöhnlich daran, dass wir zu viel an die Vergangenheit und an die Zukunft denken«: Verzweiflung kommt nach dieser Erkenntnis der heiligen Therese von Lisieux davon, dass wir zu viel an die Vergangenheit und Zukunft denken. Wenn wir ständig die Verletzungen der Vergangenheit betrachten, steigt in uns vielleicht Verzweiflung hoch über die Einsamkeit, die wir als Kind erfahren haben, über die Überforderung, über die Kränkung und die Demütigungen. Wir sollen die Vergangenheit nicht verdrängen. Aber es gibt auch ein Zuviel an Beschäftigung mit vergangenen Verletzungen. Genauso wenig hilft es uns, wenn wir ständig an die Zukunft denken: Wie wird sie sein? Werde ich den Anforderungen gerecht werden? Werde ich nicht krank, werde ich Krebs haben? Wird mein Ehepartner auch treu sein? Wird die Gemeinschaft mich tragen können? All diese Überlegungen um die Zukunft können mich in die Verzweiflung führen. Ich zweifle daran, dass die Zukunft gut wird. Ich male mir alles Schlimme aus. Und dann bleibt nicht nur der Zweifel, sondern die Verzweiflung, die völlige Hoffnungslosigkeit.

Der einzige Weg, der Verzweiflung zu entrinnen, besteht darin, in der Gegenwart zu leben. Wenn ich ja sage zum Augenblick, zu dem, was gerade ist, dann zerbreche ich mir nicht den Kopf um Vergangenheit und Zukunft. Der Augenblick ist kurz. Er ist nur gerade jetzt. Wenn ich mich auf diesen Augenblick einlasse und ganz gegenwärtig bin, dann hat die Verzweiflung keinen Raum, in den sie eindringen kann. Ich bin ganz in der Gegenwart. Ich bin nicht geteilt, nicht »zwiefältig«, sondern eins. Und wer eins ist mit sich und dem Augenblick, der ist gefeit vor Zweifel und Verzweiflung.

Wach auf zur Wirklichkeit

Seine Träume verwirklichen kann man erst, wenn man aus ihnen erwacht«, hat ein lebenskluger Realist einmal gesagt. Jeder von uns kennt Lebensträume. Als Kind wollten wir einen ganz bestimmten Beruf ergreifen. In der Jugend träumten wir von einer großen Liebe. Auch heute träumen wir immer wieder, nicht nur von einem schönen Urlaub, sondern davon, dass unser Leben gelingt. Träume bringen uns mit den eigenen Möglichkeiten in Berührung. Das gilt nicht nur von den Nachtträumen, in denen wir unserer inneren Wirklichkeit begegnen, aber zugleich auch entdecken, welche Schritte wir gehen sollten, damit unser Leben stimmig wird. Vor allem gilt es von den Tagträumen, in denen wir uns in ein gelingendes Leben hineinträumen. Manchmal träumen wir uns da Luftschlösser zurecht. Sie bewegen nichts. Wir fliehen in die Tagträume, um der tristen Welt zu entrinnen. Doch solche Träume verwandeln uns nicht. Wir müssen erst aus den Träumen aufwachen. Wir müssen erst erkennen, dass wir geträumt haben und was sich uns in den Träumen dargeboten hat, welche Sehnsucht da zum Ausdruck kam. Dann können wir nüchtern überlegen, was sich von unseren Träumen realisieren lässt und wie wir es anstellen können, dass sie Wirklichkeit werden.

Mystik heißt Aufwachen zur Wirklichkeit. Manchmal schlafen und träumen wir, wir lullen uns ein in unsere Tagträume. Aber wir weigern uns aufzuwachen. Doch nur der Wache kann den Tag gestalten. Der andere lebt wie in einem Traum. Er lebt in einer eigenen Welt, ohne dass er die Wirklichkeit beeinflussen und formen kann. Träume sind nicht Schäume. Sie zeigen uns Wesentliches in unserer Seele auf. Aber verwirklichen können wir sie nur, wenn wir bereit sind, aufzuwachen und uns der Wirklichkeit zu stellen, wie sie ist.

Die Kunst gesunden Lebens

Zu einer gesunden Lebenskultur gehören ganz alltägliche Dinge. Zum Beispiel, dass wir genügend an die frische Luft gehen. Manchmal ist das Gefühl von Depression, unter dem manche leiden, einfach dadurch bedingt, dass wir unsern Leib zu wenig spüren. Wir brauchen aber auch eine kultivierte Wohnung. Wenn wir nicht mehr die Kraft haben, unser Haus in Ordnung zu halten und unsere Wohnung wohnlich zu gestalten, dann müssen wir anderswo Heimat und Geborgenheit suchen. Auch Essen und Trinken gehören zu den Bereichen, die geformt werden müssen. Ich rede nicht einem übertriebenen Kreisen um gesunde Ernährung das Wort, sondern einer Kultur des Essens. Viele nehmen sich nicht mehr die Zeit, in aller Ruhe zu essen. Sie schlingen zwischendurch etwas herunter. Aber wenn wir nicht mehr Mahl halten können, wie sollten wir dann angemessen Gemeinschaft erfahren können? Auch das ausbalancierte Verhältnis von Bewegung und Ruhe ist zu bedenken: Manchmal haben wir das Gefühl, ausgesaugt zu werden von den vielen Menschen, die etwas von uns wollen. Da brauchen wir als Gegengewicht gesunde Rituale. Ich gestalte zum Beispiel den Morgen bewusst so, wie es mir gut tut. Die ersten Stunden des Tages gehören mir. Und ich beschließe den Tag mit einem Ritual und drücke damit aus, dass es mein Tag war, ein Tag, der mir geschenkt wurde und den ich dem wieder zurückgebe, der mir die Zeit meines Lebens schenkt. Viele kommen aus einem stressreichen und hektischen Arbeitstag nach Hause und haben nicht Kraft und Lust zu etwas Sinnvollem. Sie stopfen dann den Ärger zu mit Essen, Trinken oder Fernsehen und gehen müde ins Bett. Das ist zwar auch ein Abendritual. Aber es tut uns nicht gut. Der unterdrückte Ärger wird sich im Schlaf im Unbewussten austoben. Und wir am nächsten Tag aufstehen mit einem diffusen Gefühl von Unzufriedenheit. Ein gesundes Abendritual gibt uns das Gefühl für das Geheimnis der Nacht, dass wir im Schlaf eintauchen in den göttlichen Wurzelgrund, dass Gott selbst zu uns im Traum reden möchte. Jeder Tag, ja das ganze Leben ist also Teil dieser Kunst des rechten Lebens. Alles ist von einer spirituellen Kraft zu formen, einer Kraft, die uns gut und gesund leben lässt.

Spüre, was ist

Auch unser Alltag ist nicht immer aufregend. Lass dich auf das Gewöhnliche deines Alltags ein. Vertraue darauf, dass du dort alles findest, was du suchst. Es geht nicht um interessante Neuigkeiten, sondern das Spüren dessen, was ist. Nimm wahr, was ist. Werde dem gerecht, was die Wirklichkeit deines Lebens ausmacht. Dann wirst du erahnen, dass dich der Alltag zum Eigentlichen führt, zum reinen Gewahren des Seins. Und wenn du in Berührung bist mit dem, was ist, dann berührst du den Grund allen Seins. Wenn der Alltag zur Übung wird, wenn er zum Ort der Gottesbegegnung wird, dann verwandelt er sich.

Sei achtsam und behutsam mit dir selber. Und sei achtsam mit den Dingen, die dir anvertraut sind. Inneres und Äußeres sind aufeinander bezogen. Im Umgang mit den Dingen drückt sich deine innere Haltung aus. Wie du mit den Dingen umgehst, gehst du auch mit dir um. Wer den Blick verliert für die einfachen Dinge, dem wird sich auch der Blick verdunkeln für die inneren Regungen des Herzens.

Rituale öffnen den Himmel

Erhart Kästner schreibt in seinem Buch »Stundentrommel« über die Riten, die er bei den Mönchen auf dem Berg Athos beobachtet: »Neben dem Drang, die Welt zu gewinnen, liegt ein eingeborener Drang, immer Selbes aus uralten Formen zu prägen. In Riten fühlt sich die Seele wohl. Das sind ihre festen Gehäuse … Der Kopf will das Neue, das Herz immer dasselbe.« Was Kästner bei den Mönchen des Heiligen Berges beschreibt, gilt für uns alle: Ein gelingendes Leben braucht immer wieder Halt und immer wieder Anregungen. Rituale können beides geben. Heilende Rituale sind ein Weg, wie der Mensch mitten im Getriebe des Alltags und in der Ortlosigkeit dieser Welt einen Raum zum Wohnen findet, wie er mitten in der Hektik einen Ort des Ausruhens entdeckt. Rituale öffnen immer wieder den Himmel über uns. Sie verheißen uns, dass unser Leben gelingt. Und sie helfen uns, selber zu leben, anstatt von außen gelebt zu werden. Sie geben Vertrautheit, Klarheit, Sicherheit – das Gefühl der eigenen Identität: Es ist mein Leben, das ich lebe. Wenn wir Angst haben, alles nicht mehr schaffen und im Strudel der Arbeit unterzugehen, dann sind Rituale eine Hilfe, Geborgenheit zu vermitteln mitten in der Ungeborgenheit unserer Zeit. Rituale sind auch deswegen gesund, weil sie Lust am Leben vermitteln. Ich erfahre in sinnlichen Ritualen ganz konkret: Es ist mein Leben, das ich lebe.

Nicht überspannen

Gut mit sich umzugehen heißt nicht, dass man sich selbst verwöhnt. Es heißt nicht, dass man sich von seinen Wünschen und Bedürfnissen abhängig macht. Sein Leben zu gestalten, heißt nicht, seinen Launen nachzugeben. Im Gegenteil: Wer sich seinen Launen ausliefert, entwickelt keine Stärke. Wer jedem Wunsch nachgibt, wird auf Dauer nicht zufriedener. Askese und Disziplin – im rechten Maß geübt – gehören zu einem guten Leben. Sie vermitteln die Erfahrung, dass wir unser Leben selbst gestalten, dass wir selber leben, anstatt gelebt zu werden.

Amma Synkletika meint von der übertriebenen Askese: »Es gibt eine überspannte Askese, die vom Feinde ist. Denn auch seine Schüler üben sie. Wie nun unterscheiden wir die göttliche, die königliche Askese von der tyrannischen, dämonischen? Offenkundig durch das Maß«.

Askese darf also nicht zu einem Wüten gegen sich selbst werden. Dann würde sie uns nur schaden. Von Abbas Poimen stammt das Wort: »Alles Übermaß ist von den Dämonen«.

Ganz gegenwärtig

Ewigkeit ist, wenn es nicht mehr an Gegenwart fehlt.« (Boethius)

Ewigkeit ist keine lange Zeit, die nie ein Ende findet. Ewigkeit ist erfüllte Zeit. Ewigkeit bricht in unsere Zeit ein, wenn wir ganz im Augenblick sind oder, wie der frühchristliche Philosoph Boethius sagt, wenn es nicht mehr an Gegenwart fehlt, wenn reine Gegenwart ist, reine Präsenz. Jeder von uns kennt solche Augenblicke, in denen man ganz gegenwärtig ist. In ihnen steht die Zeit still. Da ahnen wir, was Ewigkeit ist, da schmecken wir die Ewigkeit.

Wie kann es mir an Gegenwart mangeln? Die Gegenwart ist doch einfach da. Ja, sie ist da. Aber wenn ich nicht in der Gegenwart bin, dann fehlt sie mir. Gegenwart ist Anwesenheit. Wenn ich nicht anwesend bin, ist auch der Augenblick nicht anwesend. Denn der Augenblick bekommt durch mich sein Sein, seine Präsenz. Ewigkeit ist daher auch, wenn ich ganz anwesend bin, wenn ich ganz bin, wenn ich teilhabe am reinen Sein. Gott ist das reine Sein. Wahre Gegenwart ist nur in Gott. Gott ist stets gegenwärtig. Und wenn ich gegenwärtig bin, ist Gott in mir und ich in Gott.

Lebensspannung

Es gibt eine Mönchslegende aus dem Zisterzienserkloster Heisterbach. Da meditiert ein junger Mönch im Klostergarten über den Vers aus dem zweiten Petrusbrief, dass »beim Herrn ein Tag wie tausend Jahre und tausend Jahre wie ein Tag sind« (2 Petr 3,8). Aber er versteht den Vers einfach nicht. Da geht er sinnierend in den Wald. Er hört und sieht nicht mehr, was um ihn herum geschieht. Erst als er die Vesperglocke hört, kehrt er schnell zum Kloster zurück. Ein Unbekannter öffnet ihm das Tor. Er tritt in die Kirche und eilt seinem angestammten Platz zu. Doch da sitzt schon ein anderer. Er überblickt die lange Reihe der Mönche. Keinen von ihnen kennt er. Und auch er wird angestaunt von den Mönchen. Man fragt nach seinem Namen. Als er ihn sagt, da murmeln sich die Mönche zu: 300 Jahre hieß so niemand mehr. Denn der Letzte dieses Namens war ein Zweifler, der im Wald verschwand. Daher hat man seinen Namen keinem mehr anvertraut. Als der Mönch seinen Abt nennt und das Jahr seines Eintritts, da nimmt man das alte Klosterbuch zur Hand und erkennt, dass er es ist, der vor 300 Jahren verschwand. Der junge Mönch erschrickt, sein Haar ergraut, und sterbend mahnt er seine Brüder: »Gott ist erhaben über Ort und Zeit. Was Er verhüllt, macht nur ein Wunder klar. Drum grübelt nicht, denkt meinem Schicksal nach. Ich weiß, ihm ist ein Tag wie tausend Jahre, Und tausend Jahre sind ihm wie ein Tag.«

Vielleicht brauchen wir auch ein Wunder, um das Geheimnis von Zeit und Ewigkeit zu verstehen. Wenn wir darüber nachdenken, so stehen wir in einer großen Reihe von Philosophen und Theologen, von Dichtern und Mystikern, die alle über das Ineinander von Zeit und Ewigkeit nachgedacht haben. Augustinus meint, Zeit sei ungreifbar. Die Vergangenheit ist vorbei. Der Augenblick entschwindet uns in jedem Moment. Und die Zukunft ist noch nicht da. Martin Heidegger hat sein großes Werk »Sein und Zeit« genannt. In einem Vortrag meint er: »Wenn die Zeit ihren Sinn findet in der Ewigkeit, dann muss sie von daher verstanden werden.« Im Verhältnis von Zeit und Ewigkeit rühren wir an die Grundspannung, die wir als Menschen zwischen Himmel und Erde erfahren.

Ruhig in dir selber

Von Augustinus stammt der Satz: »Sei still und verstehe, denn du verwirrst dich, und innen in deinem Gemach verdüsterst du das Licht. Strahlen will dir der ewige Gott, mach dir nicht ein Genebel aus Wirrnis; sei ruhig in dir.«

Stille kommt von »stehen bleiben«. Wer still sein will, muss stehen bleiben. Er muss innehalten, anstatt weiterzueilen. Stehen bleiben ist für Augustinus die Voraussetzung, sich selbst zu verstehen, den Nächsten und das Geheimnis der Welt zu verstehen. Verstehen hat mit Stehen zu tun. Im Vorübereilen verstehe ich nichts, weder die Worte der Menschen noch das Herz derer, an denen ich vorbeilaufe. Wer immer weitereilt, der wird innerlich verwirrt, dessen Herz verdüstert sich. Stehen bleiben, still werden, ist die Voraussetzung, dass sich das Trübe in uns klärt, dass der Nebel sich auflöst und wir klar erkennen, was ist. Und erst wenn das Innere klar wird, finden wir Ruhe in uns selbst, können wir es bei uns selbst aushalten. Augustinus fordert uns nicht auf, Ruhe zu geben und nach außen hin ruhig zu sein. Er sagt: »Sei ruhig in dir.« In sich ruhen, in seiner Mitte ruhen, das ist die Voraussetzung auch für die äußere Ruhe.

Gipfelerfahrung

Ein Aspekt eines Gipfelerlebnisses ist, dass wir ganz allein sind. David Steindl-Rast deutet dieses Wort *allein* als all-eins, mit allem eins sein und mit sich ganz eins sein. Das war eine wichtige Erfahrung im frühen Mönchtum. Dionysius Areopagita leitet das Wort Mönch (monachos) von monas ab, von der Einheit. Der Mönch ist der, der ganz eins ist, der mit sich selbst eins ist, aber zugleich mit allen und allem. Evagrius Ponticus, der griechische Mönch aus dem 4. Jahrhundert, schreibt in einem Text über das Gebet: »Ein Mönch ist ein Mensch, der sich von allem getrennt hat und sich doch mit allem verbunden fühlt. Ein Mönch weiß sich eins mit allen Menschen, denn immerzu findet er sich in jedem Menschen.« Er fühlt sich mit dem ganzen Kosmos eins.

Vom heiligen Benedikt wird berichtet, dass er in einem einzigen Sonnenstrahl die ganze Welt erblickt hat. Das ist ein typisches Merkmal von Kontemplation. Ich werde mit der ganzen Welt eins. Es bedeutet nicht, dass ich alles der Reihe nach anschauen kann, sondern alles ist auf einmal da. Ich schaue in den Urgrund, in dem alles miteinander verbunden ist, in dem alles eins ist. In diesem Urgrund bin ich eins mit der Schöpfung, eins mit Gott, eins mit Raum und Zeit. Raum und Zeit hören in dieser kontemplativen Erfahrung auf zu existieren. Da berühre ich die Ewigkeit, da bricht die Ewigkeit ein in mein Leben.

Inmitten der Zeit

Vom Verhältnis der Zeit zur Ewigkeit schreibt Angelius Silesius, der Dichter des »Cherubinischen Wandersmann«, den berühmten Vers:

»Zeit ist wie Ewigkeit und Ewigkeit wie Zeit,
So du nur selber nicht machst einen Unterscheid.
Ich selbst bin Ewigkeit, wenn ich die Zeit verlasse
Und mich in Gott und Gott in mich zusammenfasse.«

Es sind mutige Verse, paradoxe Verse. Aber diese Erfahrung ist nicht mehr zu erklären, auch wenn die Mystiker immer wieder versucht haben, das Geheimnis der Ewigkeit mitten in der Zeit zu beschreiben. Für sie ist die Kontemplation, die Anbetung, das Gebet überhaupt, der Ort, an dem der Mensch die Zeit überwinden kann.

In den Versen des Angelus Silesius klingt die Erfahrung von Meister Eckhart an, der sich immer wieder mit dem Geheimnis von Zeit und Ewigkeit auseinandergesetzt hat. Ihm geht es um die Erfahrung von Ewigkeit inmitten dieser Zeit. Für Meister Eckhart hängt alle Seligkeit daran, »dass der Mensch durchschreite und hinausschreite über alle Geschaffenheit und alle Zeitlichkeit und alles Sein und eingehe in den Grund, der grundlos ist«. Im Einswerden mit Gott überschreitet der Mensch die Zeit, da hat er teil an der Ewigkeit. Eckhart geht davon aus, dass Gott jenseits der Zeit ist. Und insofern ist die Erfahrung Gottes immer auch eine Erfahrung des Zeitjenseitigen, des Ewigen. Wenn ich in der Kontemplation mit Gott eins werde, dann hört in diesem Augenblick die Zeit auf. Es gibt kein Vorher und Nachher. Es gibt nur reine Gegenwart. In so einem Augenblick können wir oft nicht sagen, wie lange er dauert. Die Alten sprechen hier von Erleuchtung, die Buddhisten nennen es satori. Auf einmal blitzt in uns etwas auf. Wenn wir das innere Licht in uns sehen, dann kann es sein, dass wir nach einer halben Stunde auf die Uhr sehen und das Gefühl haben, es war nur ein kurzer Augenblick, den wir da gesessen sind. Die Zeit ist still gestanden, weil Gott selbst uns berührt hat. Wenn er uns berührt, wenn er uns erfasst, dann hört die Zeit auf, dann ist Ewigkeit.

Die Seele braucht Feste

Feste bringen einen wesentlichen Aspekt unserer Seele zur Sprache. Ein Fest feiert man nur, wenn man davon leben kann, und indem wir ein Fest feiern, kommt in unserer Seele etwas Wichtiges in Bewegung. Unsere Gefährdungen werden angesprochen, aber zugleich sind auch Wege aufgezeigt, wie die Gefährdungen überwunden werden können. Feste haben eine heilende Wirkung. Denn wenn wir uns ihrem Rhythmus überlassen, kommt auch unsere Seele und mit ihr unser Leib in einen gesunden Rhythmus.

In den vielen Festen des Kirchenjahres wird dies immer wieder unter einem neuen Aspekt angesprochen und ausagiert: Die Adventszeit als Zeit des Wartens und Sehnens möchte unsere Süchte wieder in Sehnsucht verwandeln. Im Weihnachtsfest geht es um den neuen Anfang. Wir sind nicht festgelegt auf die Geschichte unserer Verletzungen und Kränkungen. Gott setzt in der Geburt Jesu einen neuen Anfang. Wenn Christus in uns geboren wird, so kommen wir in Berührung mit dem unverfälschten und unberührten Bild Gottes in uns. Die Fastenzeit ist eine Zeit der inneren Reinigung und Überprüfung. Indem wir uns bewusst zurück nehmen, indem wir die Nahrung reduzieren und fasten, entdecken wir, wovon wir abhängig geworden sind. Ein Frühjahrsputz der Seele und eine Entschlackung des Leibes tut uns immer wieder gut. Die Passionszeit gibt uns die Gelegenheit, uns mit unseren Krankheiten und unseren Nöten im Licht der Passion Jesu anzuschauen. Wir brauchen unsere Krankheit nicht zu verdrängen. Die Passionszeit befreit uns von der Illusion, als ob wir ohne Krankheit sein könnten. Aber sie zeigt uns einen Weg, unsere Krankheit anders zu sehen. In unserer Krankheit sind wir nicht aus geschlossen vom Leben, sondern dürfen darin die besondere

Nähe Jesu erfahren. Ostern als das Fest der Auferstehung will uns ermutigen, aufzustehen aus dem Grab unserer Ängste und Depressionen und das Leben neu zu wagen. Es ist die Verheißung, dass die Fesseln, die uns gefangen halten, abfallen. An Pfingsten feiern wir den Geist, der uns heilt und mit neuem Leben erfüllt. Wir müssen nicht alles selbst machen. Gott durchdringt uns mit seinem befreienden Geist.

Die Heilung unserer beschädigten Seele kann geschehen, wenn wir uns wieder der inneren Dynamik dieser Feste überlassen.

Komm zu dir

Wer sich genau beobachtet, wird erkennen, wie oft er gedankenlos durch den Tag geht. Du nimmst gar nicht wahr, was du tust. Du lässt deinen Schlüsselbund liegen oder deine Brille. Weil du nicht bei dir bist, merkst du nicht, dass dir nicht nur der Schlüssel verloren geht, sondern du selbst. Du bist nicht bei dir. Und alles angestrengte Grübeln kann dich nicht wieder zu dir zurückbringen.

Versuche es mit einem Gebet. Komm in Berührung mit deiner kreativen Mitte. Da kommt dir auf einmal die Idee, wo du suchen könntest. Das gilt nicht nur für Verlorengegangenes. Es gilt für alle schwierigen Situationen. Geh vom Problem weg. Komm in Kontakt zu deiner Mitte. Hier, in deiner Mitte findest du dich selbst. Dort tauchen auf einmal kreative Lösungen auf. Es fällt dir ein, wie du dich in einer unübersichtlichen Situation entscheiden und was du in einem schwierigen Gespräch einem andern sagen kannst.

In deiner Mitte liegt die Lösung schon bereit.

Gib deiner Arbeit Sinn

Von der rechten Balance

Jage nicht nach dem Wind

»Besser eine Handvoll Ruhe als beide Fäuste voll Mühe und Jagen nach Wind«, sagt die Bibel (Prediger 4,6).

Das Bild stimmt, bis heute: Wir sagen von einem Menschen, er habe eine ruhige Hand. Wenn er etwas anfasst, tut er es mit innerer Ruhe und klarem Handgriff. Von seiner Hand geht Ruhe aus. Die ruhige Hand ist eine offene Hand. Sie ist wie eine Schale, die etwas aufnehmen kann. In dieser offenen Hand kann die Ruhe wohnen. Das Gegenteil sind die Fäuste. Wer die Hand zur Faust ballt, der will etwas mit Gewalt festhalten. Die Faust ist voller Aggressionen. Sie ist immer gegen jemand gerichtet. Der Weise aus dem Alten Testament denkt bei der Faust an Menschen, die sich anstrengen und mit Gewalt etwas erreichen wollen. Doch für ihn jagen manche Fäuste nur nach dem Wind. Es sind vordergründige Ziele, die man so verkrampft angeht. Die wahren Ziele kann man nicht mit zusammengebissenen Zähnen und geballten Fäusten erreichen, sondern nur mit offenen Händen. Genauso wenig wie ich den Wind festhalten kann, kann ich die Ruhe mit meiner Faust umklammern. Ich erfahre Ruhe nur, wenn ich mich aufmache, wenn ich ganz im Augenblick bin, wenn ich mit offenen Händen ertaste, was sich mir in die Hand legt.

Kein Gieriger kann wirklich leben

Die Geizigen sind mit den Bienen zu vergleichen. Sie arbeiten, als ob sie ewig leben würden.« Der griechische Philosoph Demokrit hat dies bemerkt. Es trifft immer noch zu: Es gibt Menschen, die arbeiten, als ob es kein Ende für sie gäbe. Sie müssen immer mehr sammeln, aus Angst, es könnte einmal nicht mehr reichen. Demokrit, der schon im vierten Jahrhundert vor Christus solche Menschen beobachtet hat, sieht als Ursache solch ruheloser Arbeit den Geiz. Es ist nicht der Fleiß, sondern der Geiz, der den Menschen immer arbeiten lässt.

Der Fleiß sieht anders aus. Da strömt die Arbeit. Da macht sie Lust. Der Geizige arbeitet verbissen. Er kann nicht aufhören, weil er Angst hat, nicht genug zu bekommen. Geiz ist Habgier. Es ist weniger die Sparsamkeit, die wir oft mit Geiz verbinden, sondern die Gier nach Reichtum. Wer von solcher Gier angetrieben wird, muss immer weiterarbeiten. Er kann nicht ausruhen und genießen. Ja, das Genießen würde seinen Reichtum mindern.

Der Geizige lebt nicht. Er meint, irgendwann einmal würde er die Früchte seiner Arbeit genießen. Aber jedes Mal verschiebt er den Augenblick des Genießens, aus Angst, er könnte eine weitere Möglichkeit zum Reichwerden verpassen. Der Gierige kann nicht wirklich leben, weil er immer auf einen späteren Zeitpunkt hin lebt. Doch der kommt nie. So arbeitet er, als ob er ewig leben würde. Irgendwann, plötzlich, wird die Einsicht kommen, dass wir nicht ewig leben können.

Neue Qualität

Ich gebe Menschen, die ich geistlich begleite, manchmal folgende Aufgabe: »Stellen Sie sich vor, dass Sie nur noch einen Tag zu leben haben. Was würden Sie dann tun? Welche Botschaft möchten Sie mit Ihrem Leben geben? Welche Spur möchten Sie eingraben in diese Welt?«

Manche erzählen dann, dass sie den Menschen nochmals begegnen möchten, die ihnen am liebsten sind. Und sie würden ihnen gerne erklären, was ihr tiefster Beweggrund war, warum sie so und nicht anders gelebt haben, was sie eigentlich mit ihrem Leben vermitteln wollten.

Andere erzählen, dass sie ganz im Augenblick sein würden, dass sie das Leben nochmals bewusst wahrnehmen, den Geschmack des Lebens schmecken, das Geheimnis des Lebens erspüren würden.

Wieder andere würden einfach weiter das tun, was sie gerade tun. Aber sie würden es bewusster tun.

Wenn ich die Vorstellung von meinem letzten Tag auf meine Arbeit beziehe, dann werde ich wacher bei meiner Arbeit sein. Ich nehme bewusst das Werkzeug in die Hand, gestalte und forme bewusst. Ich spüre: ich kann etwas schaffen, was nur durch mich geschaffen wird. Oder wenn ich einen Brief schreibe, werde ich die Worte bewusst wählen. Was möchte ich bei allem Sachlichen in den Brief hineinlegen? Wie könnte ich den Menschen, mit denen ich zusammenarbeite, vermitteln, dass ich sie mag, dass sie mir wichtig sind, dass ich ihnen mit meiner Arbeit eine Freude machen möchte? Wie könnte ich meine Mitarbeiter spüren lassen, dass es sich lohnt zu leben? Wie würde ich das, was mir aufgetragen ist, erfüllen?

Ohne Hast

Wenn du es eilig hast, mach einen Umweg«, so lautet ein asiatisches Sprichwort.

Wer zielgerichtet auf das losgeht, was er vollbringen möchte, vergisst oft das Wichtigste. Er ist so fixiert auf die kurzfristige Erfüllung seiner Aufgabe, dass er gar nicht bedenkt, wie er die Aufgabe sinnvoll bewältigen kann und was alles in den Blick genommen werden muss. Wer auf dem Weg zu seiner Aufgabe einen Umweg in Kauf nimmt, der gewinnt Zeit, nachzudenken, was wirklich zu tun ist. Er wird die Aufgabe effektiver vollbringen, weil er einen größeren Horizont gewonnen hat. Und vielleicht sind ihm im Gehen Lösungen eingefallen, auf die er nie gekommen wäre, wenn er sich sofort an die Arbeit gemacht hätte.

Nachhaltigkeit

Der wahre Sinn des Lebens besteht darin, Bäume zu pflanzen, unter deren Schatten man vermutlich selber nie sitzen wird.« Vielleicht war Nelson Henderson, der diesen Satz formuliert hat, ein Gärtner. Auf jeden Fall muss er ein Weiser gewesen sein.

Seine Einsicht widerspricht freilich dem, was heute im Arbeitsleben zählt. In vielen Firmen müssen die Abteilungsleiter ihrem Vorstand innerhalb von zwei Jahren eine Erfolgsbilanz vorlegen. Das Unternehmen kann es sich nicht leisten, eine Durststrecke zu durchschreiten. Also müssen kurzfristige Erfolge her. Doch ob diese Erfolge dem Unternehmen auf Dauer gut tun oder ob sie nur ein kurzes Strohfeuer sind, das interessiert die Vorstände meistens nicht. Wenn man die Bilanz nüchtern zieht, wird man erkennen, dass dieses kurzfristige Erfolgsdenken das Unternehmen langfristig viel Geld kostet.

Die ökologische Bewegung propagiert heute das so genannte »nachhaltige Wirtschaften«. Nur derjenige wirtschaftet demnach richtig, der die langfristigen Perspektiven für die Umwelt und für die Nachwelt bedenkt.

Große Menschen haben nie den kurzfristigen Erfolg gesucht. Sie haben Bäume gepflanzt, deren wahre Größe sie nie gesehen haben. Sie haben Kathedralen gebaut, deren Vollendung sie nie erlebt haben. Aber sie haben einen Traum gehabt, der die Zukunft veränderte. Die Früchte ihrer Arbeit haben Generationen nach ihnen geerntet. Wahre Größe zeigt sich, wer für seine Nachkommen sorgt, wer mit vollem Engagement an Projekte geht, deren Früchte andere genießen werden.

Sei nicht hart zu dir

Arbeit gehört zum Leben. Wer gerne arbeitet, empfindet Freude und Befriedigung durch das, was entsteht – aus Ideen oder aus der körperlichen Anstrengung. Arbeit lenkt ab vom Kreisen um sich selber. Etwas zu leisten tut gut. Denn Leistung lockt unsere Fähigkeiten heraus. Aber Arbeit tut nicht gut, wenn sie das Leben ganz und gar bestimmt. Es tut uns nicht gut, wenn wir uns ständig überfordern. Es gibt Menschen, die nur die Arbeit kennen, die keine Zeit mehr haben für Erholung oder für andere Menschen. Wer sich ständig überarbeitet, schadet sich. Stress mag für viele als Statussymbol gelten. Aber die Wahrheit ist: Stress zeigt meistens, dass einer nicht gut mit sich umgehen kann. Es führt nicht weiter, hart gegen sich selbst zu sein und sich an die Überlastung zu gewöhnen. Wer hart ist gegen sich selbst, ist in Gefahr, sein Herz auch gegenüber den anderen zu verhärten. Versuche, die Ursachen für deinen Stress zu entdecken – und die nötige Abhilfe zu schaffen.

Damit die Seele atmen kann

Wer mit sich selbst schlecht umgeht, wem kann der gut sein? Denk also daran: Gönne dich dir selbst.«

Bernhard von Clairvaux hat diesen Satz an seinen früheren Schüler geschrieben, der inzwischen als Papst Eugen III. große Verantwortung trug.

Nachdem Papst Eugen sich bei seinem Lehrer Bernhard von Clairvaux beklagte, dass er vor lauter Arbeit nicht zum Beten komme, dass er ganz unglücklich sei vor lauter Beschäftigung, da reagiert also sein Lehrer ganz und gar nicht mit Mitleid. Vielmehr liest er ihm – obwohl Eugen nun Papst ist – doch recht kräftig die Leviten. Er ist selbst schuld, wenn er so viel arbeitet, wenn er meint, jedem Bittsteller helfen zu müssen, sich auf alle Angelegenheiten einlassen zu müssen. Gerade weil er eine verantwortungsvolle Stellung innehat, ist es notwendig, dass er für sich selbst sorgt. Denn wenn er nicht für sich selbst sorgt, wird seine Sorge für die anderen keinen Segen bringen. Sie wird ihn vielmehr innerlich verhärten und bitter werden lassen. Wenn er den andern so viel Zeit gönnt, so soll er auch sich selbst genügend Zeit gönnen, damit seine Seele atmen kann, damit er das Leben spürt. Aber er soll sich nicht nur Zeit gönnen, sondern sich selbst.

Er soll seine Aufmerksamkeit dem eigenen Herzen zuwenden. Er soll seine Liebe sich selbst gönnen, sich selbst seine Zärtlichkeit erweisen. Nur dann wird er in aller Arbeit innerlich Ruhe bewahren und aus dem Geist Jesu wirken können.

Wenn er aber meint, er müsse die Gesinnung Jesu nur anderen erweisen, gegen sich selbst aber unbarmherzig und hart sein, dann würde Jesus aus seinem Herzen weichen. Dann nimmt er zwar Jesu Worte in den Mund, aber sie prägen sein Herz nicht. Er lebt dann nicht aus dem Geist Jesu, der seine beschäftigten Jünger einlädt: »Kommt mit an einen einsamen Ort, wo wir allein sind, und ruht ein wenig aus.« (Mk 6,31)

Wenn ich Kurse für Führungskräfte halte, so sind sie immer beeindruckt von dem recht altertümlichen Satz aus der Regel des heiligen Benedikt: »Der Cellerar (der Verwalter) achte auf seine eigene Seele.« Sie spüren, dass sie in ihrer Verantwortung für andere zu wenig auf ihre eigene Seele geachtet haben. Sie haben nicht darauf geachtet, wie ihre Seele auf die Überforderung reagiert. Sie haben die Signale von Unzufriedenheit, von innerer Schwere, von Angst, von Verkrampfung, von Unlust nicht gehört und sich gezwungen, weiterzuarbeiten. So sind sie innerlich leer geworden. Sie werden erst dann wieder Lust an ihrer Arbeit finden, wenn sie auf ihre Seele, auf ihre inneren Impulse hören, wenn sie sich Zeit gönnen, damit die Seele atmen kann.

Der Routine Sinn geben

Wer ständig über seine Arbeit jammert, der ist gar nicht in Berührung mit ihr. Er möchte sich nicht auf sie einlassen. Er hält oft an seinen Größenphantasien fest, dass er eine bessere Arbeit verdient hat. Natürlich gibt es Arbeiten, die eher Routine sind. Wenn ich selber in meiner Verwaltungsarbeit die vielen Rechnungen abzeichnen muss, dann ist das zwar nicht sehr kreativ. Doch das ist für mich jedes Mal Erholung. Dabei kann ich bewusst auf meinen Atem achten und meditieren. Und dann macht mir auch diese Arbeit Spaß. Ich stehe dann nicht unter dem Druck, auch das noch erledigen zu müssen. Und ich bin offen, wenn ein Telefonanruf kommt oder wenn jemand in mein Büro kommt, um etwas zu besprechen.

Routinearbeiten müssen also nicht langweilig sein. Es ist immer meine Verantwortung, wie ich mit meiner Arbeit umgehe, ob ich sie kreativ gestalte, ob ich leichtere Arbeiten als mir gegönnte Erholungszeit genieße oder ob ich mich bedaure, dass ich so etwas Banales tun muss.

Ob meine Arbeit Sinn hat oder nicht, hängt nicht so sehr von der Arbeit in sich ab, sondern davon, welchen Sinn ich ihr gebe. Ich erzeuge mit meiner Arbeit nicht nur ein Produkt, das anderen dient. Ich schaffe bei meiner Arbeit auch eine Atmosphäre. Es kann eine krank machende oder aber eine heilende und inspirierende Atmosphäre sein. Wenn um mich herum ein gesundes Arbeitsklima entsteht, dann hat meine Arbeit eine therapeutische Wirkung. Sie kann Menschen Freude nicht nur an der Arbeit, sondern auch an ihrem Leben und am Miteinander schenken. Wer froh bei seiner Arbeit ist, der wird auch daheim Freude stiften. Wer jedoch nur Ärger und Frustration erfährt, wird sie auch daheim weitergeben.

Rat des Engels

Der heilige Benedikt stellt drei Kriterien auf, mit denen der Novizenmeister prüfen soll, ob ein junger Mönch wahrhaft Gott sucht: reifer Umgang mit Gefühlen, Beziehungsfähigkeit und Leistungsfähigkeit.

Eine Geschichte, die von einem der frühchristlichen Wüstenväter berichtet wird, erzählt etwas Ähnliches:

Abbas Poimen sprach: »Drei körperliche Übungen fanden wir am Alt vater Pambo: tägliches Fasten bis zum Abend, Schweigen und viel Handarbeit«. Mit diesen Übungen kam Pambo zu seiner geistlichen Reife. Das konsequente Durchhalten dieser drei Dinge verwandelte ihn. Ähnlich erfährt Antonius von einem Engel, wie sein Leben gelingen kann. Als er in verdrießlicher Stimmung den Engel fragt, was er tun soll, sieht er einen, der ihm gleicht: »Er saß da und arbeitete, stand dann von der Arbeit auf und betete, setzte sich wieder und flocht an einem Seil, erhob sich dann abermals zum Beten. Und siehe, es war ein Engel des Herrn, der gesandt war, Antonios Belehrung und Sicherheit zu geben. Und er hörte den Engel sprechen: ‚Mach es so und du wirst das Heil erlangen.' Als er das hörte, wurde er von großer Freude und mit Mut erfüllt, und durch solches Tun fand er Rettung«.

Die klare Tagesordnung, das gesunde Miteinander von Gebet und Arbeit, von Sitzen und Stehen, von Seile Flechten und Beten, ist der Weg zur inneren Ruhe. Sie klärt die negativen Gefühle und bringt den Menschen innerlich in Ordnung.

Unerschöpflich

»Nimm dir jeden Tag eine halbe Stunde Zeit zum Gebet, außer wenn du viel zu tun hast, dann nimm dir eine Stunde Zeit.«

Psychologen würden diesen Ratschlag des hl. Franz von Sales vermutlich als paradoxe Intervention bezeichnen. Hilfreich ist er auf jeden Fall.

Ich habe Menschen beobachtet, die immer jammern, dass sie nicht zum Beten kommen, weil sie soviel zu arbeiten haben. Aber wenn ich genauer hingesehen habe, musste ich entdecken, dass es mit ihrer Arbeit gar nicht so weit her war. Sie haben zwar immer gearbeitet, aber es ist kaum etwas dabei herausgekommen. Sie waren immer beschäftigt. Aber wirklich viel haben sie nicht geleistet. Wenn die Herausforderungen durch die Arbeit größer sind, als unserem normalen Maß entspricht, so ist das für Franz von Sales ein Anlass, auch mehr zu beten als sonst. Wer viel arbeitet, muss auch viel beten, damit seine Arbeit gelingt. Das Gebet klärt meinen Geist, damit ich mich nicht blind in die Arbeit stürze. Es bringt mich in Berührung mit meiner wahren Mitte, damit die Arbeit dann wirklich aus der Mitte kommt. Im Gebet entdecke ich die innere Quelle des Heiligen Geistes. Wenn die Arbeit aus dieser inneren Quelle strömt, so werde ich nicht so leicht erschöpft. Denn die Quelle in mir ist unerschöpflich, weil sie göttlich ist.

Wer sich von seiner Arbeit gestresst fühlt, der arbeitet aus eigener Kraft und nicht aus der Quelle des Heiligen Geistes. Ich bin gestresst, wenn ich mich mit meiner Arbeit beweisen will und wenn ich nur mit eigener Kraft arbeite. Wenn die Arbeit aus der inneren Quelle herausströmt, kann ich viel arbeiten, ohne zu ermüden. Die Quelle wird immer von neuem ihr frisches

Quellwasser einfließen lassen, so dass ich in der Arbeit nicht in einen unfruchtbaren Trott verfalle, sondern gegenwärtig bin und zugleich kreativ. Spiritualität hat immer auch mit Kreativität zu tun. Weil Stress ein spirituelles Problem ist, braucht mehr Arbeit auch mehr Gebet. Nicht um der Arbeit zu entfliehen, sondern damit sie nicht in Routine verkommt, sondern mit Phantasie und Kreativität vollbracht wird.

Wachsen lassen

Warte auf das Wunder – wie der Gärtner auf das Frühjahr.«

Dieser Satz des Dichters Antoine de Saint-Exupéry steckt voller Weisheit für unser alltägliches Leben.

Wunder kann man nicht machen. Wunder geschehen vor allem dort nicht, wo Menschen hektisch hin- und herlaufen, wo sie etwas erzwingen wollen. Wunder geschehen dort, wo jemand warten kann. Das Wunder der Blüte kann nur derjenige beobachten, der darauf wartet wie der Gärtner. Der Gärtner bereitet mit seiner Arbeit dem Frühling den Weg, aber er kann ihn keinen Augenblick früher herbeiführen. Der Frühling kommt, wann er will. Der Gärtner kann nur dabeistehen und warten.

Mit dem Warten tun sich heute viele Menschen schwer. Sie meinen, alles müsse in möglichst kurzer Zeit vollbracht werden. Doch wo etwas wirklich wachsen soll, braucht es das geduldige Warten. Beziehungen zwischen Menschen brauchen Zeit zum Wachstum. Ein Gruppenprozess braucht Zeit. Viele Firmen beugen sich heute dem Druck, innerhalb von zwei Jahren Erfolge vorzuweisen. Doch sind diese oft nur kurzfristig. Was in zu kurzer Zeit erworben wurde, geht auch schnell wieder verloren. Wachstum braucht Zeit. Das gilt auch für den Wachstumsprozess des Einzelnen. Nur wer geduldig ist mit sich selbst, wer warten kann, wird auch die Früchte seines Reifens ernten.

Die Arbeit und das Ego

Es gibt zwei Sorten von Menschen: diejenigen, die die Arbeit machen. Und diejenigen, die den Ruhm beanspruchen. Versuche zur ersten Gruppe zu gehören; dort ist das Gerangel weniger schlimm.«

Die Tochter eines berühmten Politikers, die selber hohe Leistungen aufzuweisen hat, hat dies gesagt: Indira Gandhi. Sie trifft sich in ihrer Einschätzung – über die Zeiten und Kulturen hinweg – mit einem anderen Menschenkenner.

Schon der heilige Benedikt hat das nämlich in seiner Regel angeprangert. Wer mit seiner Arbeit Ruhm beansprucht, der ist nicht wirklich bei der Arbeit. Er benutzt die Arbeit, um sich in den Mittelpunkt zu stellen. Wer sich mit seiner Arbeit interessant macht und sich über die anderen stellt, der soll nach dem Willen Benedikts abgesetzt werden und eine andere Arbeit bekommen. Denn – so meint Benedikt – von seiner Arbeit gehe kein Segen aus. Seine Arbeit ist kein schöpferischer Prozess mehr, sondern nur noch Mittel zum Zweck. Es geht so jemandem immer nur um den eigenen Ruhm, um das eigene Ego.

Indira Gandhi hat offensichtlich eine ähnliche Erfahrung gemacht. Die Menschen, die arbeiten, weil ihnen die Arbeit Spaß macht, weil sie mit ihrer Arbeit anderen dienen, die ganz in ihrer Arbeit aufgehen, ohne Nebenabsichten, die sind selten. Die meisten, die sich hinter ihrer Arbeit verstecken, verfolgen damit andere Zwecke. Entweder möchten sie sich unangreifbar gegenüber jede Kritik von außen machen. Oder aber sie möchten sich durch ihre Leistung Ruhm erwerben. Es geht ihnen nur um sich selbst, nicht um die Arbeit und nicht um die Menschen, denen sie mit ihrer Arbeit dienen und nützen könnten.

Abhängigkeit

Ruhmsucht ist das ständige Sichrühmen vor anderen. Alles tut man nur, um von den Menschen gesehen zu werden. Evagrius beschreibt die Ruhmsucht so: »Der Gedanke der Ruhmsucht ist ein recht schwieriger Geselle. Er entsteht gern in Menschen, die tugendhaft leben möchten. In ihnen weckt er das Verlangen, anderen mitzuteilen, wie schwierig ihr Ringen sei. Sie suchen damit die Ehre der Menschen. So gefallen sich solche Menschen z. B. dabei, sich vorzustellen, wie sie Frauen heilen … Sie stellen sich vor, wie Menschen an ihre Türe klopfen, die sie abholen möchten, um mit ihnen zu sprechen und sie drängen, mitzukommen, wenn sie zaudern.«

In der Ruhmsucht denke ich ständig an die Menschen und ihre Meinung. Wie wirke ich auf sie? Finden sie auch gut, was ich tue? Ich bin nicht bei mir, ich mache mich abhängig vom Urteil der Menschen. Ja, ich denke mir immerzu aus, wie ich meinen nächsten Bühnenauftritt möglichst effektvoll gestalten kann, damit ich auch gebührend beklatscht werde. Natürlich tut uns allen gut, wenn wir anerkannt und bestätigt werden. Und es wäre Hybris, wenn wir meinten, wir seien von Anerkennung und Lob völlig unabhängig. Es geht nicht darum, völlig frei davon zu werden, sondern die Suche nach Anerkennung zu relativieren, so dass wir uns von ihr nicht abhängig machen.

Demut

Der Altvater Poimen sagt: »Der Mensch bedarf der Demut und der Gottesfurcht wie des Atems, der seiner Nase entströmt.«

Demut ist für die Mönche der Mut zur Wahrheit, der Mut, seine eigene Erdhaftigkeit, seine Menschlichkeit anzunehmen. Die Mönche testen einander in der Demut, um zu erfahren, ob einer wirklich ein Mann Gottes ist. »Ein Mönch wurde von den Brüdern vor Antonios gelobt. Da nahm er ihn vor und stellte ihn auf die Probe, ob er Beleidigungen er tragen könne. Als er feststellen musste, dass er sie nicht ertrug, sagte er zu ihm: Du gleichst einem Dorf, das zwar vorne schön geschmückt ist, hinten jedoch von Räubern verwüstet wird.«

Die selige Synkletika sagte: »So wie es unmöglich ist, ein Schiff zu bauen ohne Nägel, so kann auch ein Mensch ohne Demut nicht selig werden«.

Lass dich nicht treiben

»Der Weg des Weisen besteht darin zu handeln. Aber nicht wie in einem Wettbewerb.« (Lao-Tse)

Die Weisen aller Welt wissen darum, dass die Arbeit wesentlich zum Menschen gehört. Der Mensch ist von seinem Wesen her jemand, der handelt. Die Hand ist sein vornehmstes Organ. Mit der Hand formt er alles, was er in die Hand nimmt. Er gestaltet die Erde. Er sät aus und erntet. Er gibt dem Menschen die Hand. Handeln gehört zum Wesen der Weisheit. Aber wer in seinem Handeln den andern übertreffen will, wer sich damit selbst beweisen muss, der handelt nicht gut.

Der daoistische (dao heißt: der rechte Weg) Weise Lao-Tse aus dem alten China spricht über das richtige und sinnvolle Leben, wenn er meint, wir sollen handeln, aber nicht wie in einem Wettbewerb. Wir sollen nicht auf die andern schauen und uns mit ihnen vergleichen.

Sobald ich mich in meiner Arbeit mit anderen vergleiche, setze ich mich unter Druck. Ich bin mit den Gedanken nicht bei der Arbeit. Die Arbeit fließt nicht mehr aus mir heraus. Ich sehe nur auf die andern, ob sie schneller sind als ich. Ich werde von meiner Arbeit getrieben und merke gar nicht, wie ich mich nicht mehr auf die Arbeit einlassen kann. Ich bin nicht mehr im Handeln. Vielmehr werde ich getrieben, immer mehr zu tun als die andern. Ich mache meinen Wert abhängig vom Ergebnis meiner Arbeit und vom Vergleich mit anderen. Das zerstört das wahre Handeln.

Richtig handelt, wer ganz in seiner Hand ist, wer mit seiner Hand den Menschen berührt und sich ganz auf das Ding einlässt, das er formt.

Komm in deine Mitte

Sei nicht träge und langsam in deinem Tun, nicht eilfertig im Gehen, sonst bist du schlimmer als Geisteskranke, die Unfug machen. Ich sah bisweilen, um Hiobs Worte zu gebrauchen, solche Seelen, die an der Langsamkeit oder Übereiltheit ihres Handelns zugrunde gingen, und erstaunte, wie verschieden das Böse auftritt.« (Johannes Climacus)

Die Weisheit des Lao-Tse über den rechten Weg deckt sich mit der Einsicht der frühen Mönche, die Johannes Climacus in seiner »Himmelsleiter« formuliert. Heute haben wir die Langsamkeit aufs Neue als großen Wert entdeckt. Statt immer mehr zu beschleunigen, sollen wir entschleunigen, bewusst langsamer gehen und langsamer arbeiten. Doch Johannes Climacus meint, sowohl die übertriebene Langsamkeit wie Hetze täten dem Menschen nicht gut, ja sie seien Zeichen von seelischer Krankheit.

Es gibt eine Langsamkeit, die eher der Antriebshemmung entspringt als dem bewussten Tun. Es gibt Menschen, die in sich langsam sind, weil sie alle Energie für den eigenen Seelenhaushalt verbrauchen, so dass sie nichts mehr für die Arbeit übrig haben. Oder sie haben Angst, einen Fehler zu machen. So machen sie lieber gar nichts. Doch diese Trägheit ist keine Tugend, sondern eine Krankheit. Genauso krank ist aber auch die Übereiltheit, die Hetze und Hast. Das deutsche Wort »Hast« meint eine Eile, die durch innere Erregung ausgelöst wird. Johannes Climacus sieht das Böse als den Verursacher dieser inneren Erregung. Die Dämonen, so meint er, können sich sowohl in der Langsamkeit als auch in der Übereiltheit ausdrücken. Es geht immer um das rechte Maß des Menschen. Nur wer seinem Maß entsprechend handelt, kommt in seine Mitte, den führt sein Handeln zu seinem wahren Wesen.

Ernten und Säen

Beurteile einen Tag nicht danach, welche Ernte du am Abend eingefahren hast. Sondern danach, welche Samen du gesät hast.« (Robert Louis Stevenson)

Nicht jeder Tag ist ein Tag der Ernte. Der Bauer erntet im Sommer und im Herbst und nicht schon im Frühling. Wenn ich am Abend auf meinen Tag schaue, dann ist es mir nicht wichtig, wie viel Erfolge ich vorzuweisen habe. Es ist mir wichtig, dass ich bewusst gelebt habe. Wenn ein Gespräch gelungen ist, wenn ich einen gebeugten Menschen aufgerichtet habe, wenn ich ganz bei dem war, was ich getan habe, dann bin ich dankbar. Aber ich weiß, dass das Gespräch kein endgültiges Resultat ergeben hat, dass der Aufgerichtete sich wieder beugen wird, sobald die nächste Krise kommt. Es ist keine Ernte, die ich in die Scheune einbringen kann. Es ist Samen, den ich gesät habe. Ich bin schon dankbar, wenn ich meine urpersönliche Spur in dieser Welt hinterlassen habe. Und das geschieht immer dann, wenn ich ganz in dem bin, was ich sage und tue, wenn ich präsent bin in der Begegnung, wenn ich das Leben wahrnehme, wie es ist. Alles, was bewusst geschieht, hinterlässt Spuren. Und in diesen Spuren wird ein Same ausgesät, der irgendwann einmal aufgehen wird in den Herzen der Menschen, denen ich begegnet bin, zu denen ich gesprochen, für die ich gearbeitet und mich eingesetzt habe. Und ich vertraue darauf, dass die Worte, die ich heute geschrieben habe, wenn sie aus meinem Herzen kamen, auch die Herzen anderer berühren und in ihnen zu einem Samenkorn werden, das irgendwann einmal im Herzen des Lesers und der Leserin zur Blüte heranreift.

Flieh nicht vor dir selbst

Das ständige Beschäftigtsein kann auch eine Form der Flucht sein, der Flucht vor der Selbsterkenntnis. Dies gilt für Menschen, die mitten im Berufsleben und sich vor lauter Arbeit keine Zeit gönnen. Es gilt aber besonders auch für ältere Menschen. Für C. G. Jung ist die Chance des Alters, nach innen zu horchen, sich Gott zu stellen und in ihm die Erfüllung seines Lebens zu sehen. Heute besteht die Seniorenarbeit vielfach darin, die Leute zu beschäftigen. Man macht weite Fahrten, bietet ständig Programme an. Das ist alles gut gemeint und oft genug sicher richtig. Aber wenn man vor lauter Beschäftigung die Chance des Alters verpasst, dann stimmt es eben nicht mehr.

Nach C. G. Jung besteht unsere Aufgabe darin, ab der Lebensmitte nach innen zu schauen und zu unserem Selbst zu kommen. Wir müssen aufhören, außen nach Erfüllung zu suchen. Für Jung ist das Altwerden ein heiliger Prozess, der den Raum des Schweigens braucht. So schreibt er einem Mann, der unbedingt mit ihm reden wollte: »Einsamkeit ist für mich eine Heilquelle, die mir das Leben lebenswert macht. Das Reden wird mir öfters zur Qual, und ich brauche oft ein mehrtägiges Schweigen, um mich von der Futilität der Wörter zu erholen. Ich bin auf dem Abmarsch begriffen und schaue nur zurück, wenn es nicht anders zu machen ist. Diese Abreise ist an sich schon ein großes Abenteuer, aber keines, über das man ausführlich reden möchte … Der Rest ist Schweigen! Diese Einsicht wird mit jedem Tag deutlicher, das Mitteilungsbedürfnis schwindet.« Die geistliche Aufgabe des Alterns besteht darin, sich über das Geheimnis des Lebens und Sterbens Gedanken zu machen. Und dazu braucht es den Raum der Stille. Wer sein Alter mit lauter Beschäftigung verbringt, vergibt diese Möglichkeit, er vertut eine große Chance zur Reifung.

Von Lilien lernen

»Lernt von den Lilien, die auf dem Feld wachsen: Sie arbeiten nicht, sie spinnen nicht. Ich sage euch: Selbst Salomo war in all seiner Pracht nicht so gekleidet wie eine von ihnen.«

Was sagt dieser Satz Jesu aus der Bergpredigt, den Matthäus überliefert, heute noch?

Ernst Bloch, der atheistische Philosoph, meint, dieses Wort Jesu offenbare seine ökonomische Romantik. Jesus hätte keine Ahnung von wirtschaftlichen Zusammenhängen. Doch Jesus weigert sich, das Leben mit Arbeit zu identifizieren. Das Leben ist mehr als Arbeiten. Das Leben ist auch dankbares Genießen dessen, was gewachsen ist, auf dem Feld, aber auch auf dem Acker meiner Seele. Der Mensch sorgt sich um sein Essen und um seine Kleidung. Das sind die beiden ursprünglichsten Motivationen für seine Arbeit. Doch bevor wir uns das Essen und die Kleider verdienen, sollten wir sehen, dass Gott uns Nahrung schenkt und uns kleidet. Die Kleider können nur die Schönheit, die Gott dem Menschen geschenkt hat, deutlicher hervortreten lassen. Aber sie können keinen hässlichen Menschen schön machen. Die eigentliche Schönheit des Menschen kommt von Gott, so wie die Schönheit der Lilien von Gott herrührt. Bevor wir uns an die Arbeit machen, sollten wir erst wahrnehmen, was Gott uns Tag für Tag schenkt. Dann wird die Arbeit den richtigen Rahmen erhalten. Sie wird uns nicht bestimmen, sondern Ausdruck unserer Kreativität sein. Sie wird nicht aus Angst, sondern aus Lust am Schaffen aus uns herausfließen. Sie gehört zu unserem Leben, auch mit ihren Mühen. Aber sie hört auf, unser Leben zu beherrschen.

Finde dein Mass

Jeder Mensch hat sein persönliches Maß. Was ist dein eigenes ganz persönliches Maß? Wo bist du über dein Maß hinausgegangen? Bei welchen Gelegenheiten hast du gespürt, dass du deinen Lebenswagen nicht mehr zu lenken vermagst? Es geht darum, das eigene Maß zu finden. Ein Weg, das eigene Maß zu finden, geht über das Erspüren der eigenen Stimmigkeit. Wenn du mit dir im Einklang bist, wenn du innerlich zur Ruhe kommst, mit dir übereinstimmst, dann spürst du das Maß, das für dich stimmt. Und wenn du nach diesem Maß lebst, dann wird auch dein Leben Frucht bringen. Nicht darum geht es, dass du dich mit anderen vergleichst, sondern dass du den Mut findest, dein eigenes Maß zu finden und nach deinem Maß auch zu leben. Dann wird dein Leben heil und ganz. Und es wird auch für andere zur Quelle des Segens.

Was ist dein Ziel?

Oft genug verlieren wir über all den vielfältigen Aktivitäten und den hektischen Betriebsamkeiten des Alltags unser eigentliches Lebensziel aus den Augen. Was ist das Ziel deines eigenen Lebens? Kannst du es in wenigen Worten formulieren? Im Psalm 34,15 heißt es: »Suche Frieden und jage ihm nach!« Wie würdest du dein Ziel beschreiben? Jagst du ihm nach? Entscheide dich für das Ziel deines Lebens. Du wirst sehen, wie ein solches Ziel, das du in den Blick nimmst, deine Kräfte sammelt und dir Klarheit und neue Zielstrebigkeit verleiht.

Suche Tiefe
in allen Beziehungen

Bleibe bei dir –
sei ein Segen für andere

Tiefe in allen Beziehungen

Transzendenz ist nicht etwas jenseits unserer irdischen Welt, sondern es ist die geheimnisvolle Dimension alles Seins, der Grund allen Seins: das Göttliche, das alles Irdische durchdringt. Wenn ich eine Blume bewusst wahrnehme, werde ich in ihr das Geheimnis des Göttlichen entdecken. Sie ist nicht nur Materie, wohlgeformt, in ihr drückt sich auch Gottes Schöpferkraft aus. Und wenn ich die Beziehung zu einem Menschen anschaue, so erlebe ich in der Beziehung zu ihm nicht nur seine Persönlichkeit, nicht nur die Liebe, die zwischen uns hin- und herströmt. Im andern ahne ich vielmehr das Geheimnis der göttlichen Liebe, ein Geheimnis, das ihn übersteigt. Transzendenz in Beziehungen geschieht daher nicht außerhalb der Beziehung zu den Menschen und zur Schöpfung. Sie ist die geheime Tiefe in allen Beziehungen, ein Geheimnis, das in allem anwesend ist.

Die Beziehung zum Transzendenten lässt die Beziehung zu einem Menschen nie langweilig werden. Jeder Mensch ist begrenzt, aber wenn ich in ihm auf das göttliche Geheimnis stoße, dann erlebe ich in dieser Beziehung etwas Unbegrenztes, Unendliches, Unerschöpfliches. Ebenso, wie ich nie mit meinem Staunen ans Ende komme, wenn ich in der Schönheit der Natur Geheimnis des Lebens schlechthin wahrnehme, so geht es mir auch mit den Menschen. Ohne die transzendente Dimension bin ich immer in Gefahr, die Natur oder den Mitmenschen als Objekt zu betrachten und sie für mich auszubeuten. Bei einem Menschen gerate ich leicht in die Falle, ihn für mich zu benutzen, ihn zu beurteilen und in eine Schublade meiner vielen Vorurteile zu stecken. Dann aber entgeht mir seine lebendige Einmaligkeit. Ich werde ihm nicht gerecht. Die Beziehung zum Transzendenten ist daher die Bedingung, dass die Beziehungen zu den Menschen und zu den Dingen richtig wird, das heißt: ihnen gerecht wird.

Bleibe bei dir – grenze dich ab

»Wer Fehler finden will, findet sie auch im Paradies.« (Henry Thoreau)

Es gibt Menschen, die finden ein Haar in jeder Suppe. Sie finden selbst im Paradies noch Fehler. Auch da haben sie etwas auszusetzen. Die Frage ist, woher solche Haltung kommt. Offensichtlich sind es Menschen, die zutiefst unzufrieden sind mit sich selbst. Weil sie mit sich nicht im Frieden sind, kann sie nichts zufriedenstellen. Und wenn andere etwas loben und bewundern, steigt in ihnen der Neid hoch. Sie müssen das Gute, das der andere bestaunt und genießt, zerstören. Es gibt für sie nichts, was sie zufriedenstellen könnte, weder ein Mensch noch Gott, weder der Himmel noch die Hölle, weder das Paradies noch der Alltag. An allem haben sie etwas auszusetzen. Neben solchen Menschen lässt sich nicht gut leben. Sie haben einen Drang, auch die Menschen um sich herum nach unten zu ziehen. Sie verbreiten eine Atmosphäre von Unzufriedenheit, Quengelei, Bitterkeit und Unfrieden.

Gegenüber solchen Menschen bleibt uns nichts anderes übrig, als uns abzugrenzen und unsere eigene Seele zu schützen, damit sie nicht angesteckt wird vom Fieber des Unfriedens. Wenn ich mich gegenüber solchen Menschen abgrenze, dann verurteile ich sie nicht. Ich lasse sie so, wie sie sind: »Du darfst so sein, wie du bist. Du darfst die Welt so sehen, wie du sie siehst. Aber ich weigere mich, deine Sichtweise für mich zu akzeptieren. Ich verzichte auch darauf, dich vom Gegenteil zu überzeugen. Denn ich weiß, dass das ein endloses Unterfangen wird, bei dem ich mir nur die Zähne ausbeißen werde. Ich lasse dich. Aber ich bleibe auch bei mir und lasse mir meine Sicht der Dinge.«

Kein Vergleich

»An welchen Ort du auch hinkommst, vergleiche dich nicht mit anderen, und du wirst Ruhe finden.« (Abbas Poimen)

Sobald wir in eine Gruppe von Menschen kommen, setzt bei uns der Mechanismus des Vergleichens ein. Ich vergleiche mich mit den andern: Schauen sie besser aus als ich? Sind sie intelligenter als ich? Verdienen sie mehr Geld als ich? Ziehen sie mehr Aufmerksamkeit auf sich, als mir das gelingt? Sind sie spiritueller als ich? Solange ich mich mit anderen vergleiche, werde ich nie zur Ruhe finden. Ich werde mich entweder entwerten und die andern aufwerten oder aber umgekehrt. Aber ich bin nie bei mir. Ich bin immer bei den andern. Und so komme ich nie zur Ruhe. Nur wenn ich darauf verzichte, mich mit andern zu vergleichen, werde ich Ruhe finden. Dann werde ich mit mir selbst konfrontiert und eingeladen, mich mit mir und meiner Wirklichkeit auszusöhnen. Der Verzicht auf das Sich-Vergleichen führt mich zur Dankbarkeit für das, was Gott mir geschenkt hat und jeden Augenblick anbietet. Anstatt auf die andern zu schauen, nehme ich mich wahr, wie ich selber bin. Ich bin bei mir. Ich bin einfach da. Das ist die Bedingung, um Ruhe finden zu können. Denn Ruhe heißt einfach: da sein, ruhen, im Einklang mit sich sein, im Frieden den Augenblick genießen.

Nicht-Richten

Ein Kennzeichen, ob die Askese den Mönch zu Gott geführt hat, ist das Nicht-Richten. Wenn ein Mönch noch so streng fastet und noch so hart arbeitet, dann taugt das alles nicht, wenn er trotzdem noch andere richtet. Die Askese hat ihn dann nur dazu geführt, dass er sich über andere erheben kann. Sie hat der Befriedigung seines Stolzes gedient, der Steigerung seines Selbstwertgefühls. Wer in seiner Askese sich selbst begegnet ist, wer es ausgehalten hat, im Kellion zu bleiben, wenn das Verdrängte hochkommt, dem ist jedes Richten über andere vergangen. So mahnen viele Vätersprüche dazu, bei sich zu bleiben, sich mit der eigenen Wahrheit zu konfrontieren und nicht über andere zu richten.

»Der Altvater Poimen bat den Altvater Joseph: ‚Sage mir, wie ich Mönch werde.' Er antwortete: ‚Wenn du Ruhe finden willst, hier und dort, dann sprich bei jeder Handlung: Ich – wer bin ich? Und richte niemand?'«

Urteile nicht

Andere nicht zu richten ist für die Wüstenväter auch eine Hilfe, die eigene innere Ruhe zu finden. Wenn wir aufhören, andere zu verurteilen, tut uns das selber gut.

»Abbas Poimen wurde von einem Bruder gefragt: ‚Was soll ich tun, Vater, denn ich werde von Traurigkeit niedergeschlagen?‘ Der Greis antwortete ihm: ‚Schaue niemand für nichts an, verurteile niemand, verleumde niemand, und der Herr wird dir Ruhe geben.‘«

Das Urteilen verschafft uns keine Ruhe. Denn indem wir den andern verurteilen, spüren wir unbewusst ja doch, dass wir auch nicht perfekt sind. So ist der Verzicht auf das Urteilen und Richten ein Weg zum inneren Frieden mit uns selbst. Wir lassen die andern sein, wie sie sind, und können auf diese Weise auch wir selber sein.

»Ein Altvater wurde einmal von einem Bruder gefragt: ‚Warum urteile ich eigentlich so häufig über meine Brüder?‘ Und er antwortete ihm: ‚Weil du dich noch nicht selbst kennst. Denn wer sich selber kennt, der sieht die Fehler der Brüder nicht.‘«

Distanz und Nähe

Gedanken und Gefühle können unser Leben bestimmen. Wir können uns von Ärger und Ressentiments bestimmen lassen. Wichtig ist, dass wir unsere Gefühle ernst nehmen, dass wir sie nicht gleich bewerten. Sie haben alle ihren Sinn. Auch Ärger und Wut haben ihren Sinn. Es kommt nur darauf an, angemessen damit umzugehen. Aggressionen wollen das Verhältnis von Nähe und Distanz regeln. Wenn wir also aggressiv werden, ist es immer ein Zeichen, dass wir mehr Distanz brauchen, dass wir andern zu viel Macht über uns gegeben haben.

Ich kenne auch selber die Erfahrung, dass ich meine Gefühle fromm entwerte. Wenn ich in einem Beichtgespräch Ärger spüre, weil es so zäh geht, dann reiße ich mich zusammen und sage mir: »Der andere kann nichts dafür. Ich bin Priester, und ich bin freundlich.« Doch ein Mitbruder sagte mir – zu Recht – einmal: »Nimm deinen Ärger ernster, sonst wirst du ärgerlich auf alle Menschen.«

Ich kenne Menschen, die in ihrer Jugend begeistert waren – und auf einmal pessimistisch und destruktiv werden. Der Grund dafür: Sie haben jahrelang ihren Ärger nicht ernst genommen und sind nun auf alle und alles ärgerlich geworden. So weit sollten wir es nicht kommen lassen. Das schulden wir den anderen – und uns selber.

Wut tut gut – Zorn zerreisst

Wut ist oft eine wichtige Kraft, um uns von negativen Erinnerungen zu befreien und um Menschen aus uns herauszuwerfen, die uns verletzt haben. Solange wir um die Verletzung kreisen, geben wir denen, die uns verwundet haben, Macht über uns. Manche wühlen da ständig in ihren eigenen Wunden. Da ist Wut eine ganz wichtige Kraft. Wenn ich Wut empfinden kann gegenüber dem, der mich verletzt hat, dann kann ich mich distanzieren, dann kann ich trennen zwischen den Problemen des andern und meinen eigenen. Wut ist der erste Schritt zur Befreiung und Heilung.

Ärger und Wut sollten uns aber nicht auf Dauer bestimmen. Eine Hilfe ist, den Ärger vor dem Schlafengehen anzuschauen und abzulegen, damit er sich nicht im Traum im Unbewussten festsetzt und sich am nächsten Tag als diffuse Unzufriedenheit äußert. Wenn wir den Ärger in die Nacht mitnehmen, verlieren wir die Kontrolle über uns, wir werden weiter aus dem Unbewussten von Ärger und Groll gesteuert. »Lass die Sonne nicht über deinem Zorn untergehen, sonst kommen während deiner Nachtruhe die Dämonen und ängstigen dich und machen dich so noch feiger für den Kampf des folgenden Tages. Denn die Wahnbilder der Nacht entstehen gewöhnlich durch den erregenden Einfluss des Zorns. Und nichts macht den Menschen so sehr bereit, sein Ringen aufzugeben, als wenn er seine Regungen nicht kontrollieren kann.«

Wenn der Zorn das Unbewusste infiziert hat, verliert der Mensch jede Kontrolle über sich, und er wird seinem Zorn schutzlos ausgeliefert. Das aber zerreißt ihn.

Schweigen heilt

Schweigen ist der spirituelle Weg schlechthin. Im Schweigen begegnen wir uns und unserer inneren Wirklichkeit. Aber das Schweigen ist auch ein Weg, frei zu werden von den Gedanken, die uns ständig beschäftigen. Da geht es nicht um ein äußeres Schweigen, sondern um ein Schweigen des Herzens. Das äußere Schweigen kann aber eine Hilfe dafür sein, dass auch das Herz still wird, dass die Emotionen sich legen und uns nicht mehr bestimmen.

Das Aussprechen der Verletzungen ist sicher ein gutes Mittel, damit sie heilen können. Das hat uns die Psychotherapie heute zur Genüge gezeigt. Aber es gibt durchaus auch das Heilmittel des Schweigens. Im Schweigen können sich die inneren Erregungen beruhigen, da kann sich der aufgewirbelte Staub setzen, so dass sich das Innere klärt wie beim trüben Wein, der durch stilles Lagern klarer wird.

Was tun?

Der Weg zu einer spirituellen Lebenskultur war für die Mönche immer die konkrete Übung. Meistens waren es drei Ratschläge, die ein Altvater einem jungen Mönch gab, der ihn nach dem Weg zum wahren Mönchtum fragte.

»Ein Bruder, der mit anderen Brüdern zusammenlebte, fragte den Altvater Besarion: ›Was soll ich tun?‹ Der Greis antwortete ihm: ‚Schweige und miss dich nicht mit anderen.‘«

Eine andere Übung zeigt uns Antonios: »Der Altvater Pambo fragte den Altvater Antonios: ›Was soll ich tun?‹ Der Alte entgegnete: ›Baue nicht auf deine eigene Gerechtigkeit und lass dich nicht ein Ding gereuen, das vorbei ist, und übe Enthaltsamkeit von der Zunge und vom Bauch.‹«

Nur kein Neid

Der Neid zeigt sich im ständigen Sich-Vergleichen mit andern. Ich kann keinem andern begegnen, ohne mich mit ihm zu vergleichen. Ich fange sofort an zu werten, zu bewerten, zu entwerten und aufzuwerten. Normalerweise versuche ich den andern zu entwerten, um mich selbst aufzuwerten. Ich schaue nach seinen Schwachstellen oder entwerte sein Auftreten als verklemmt, als krankhaft, seinen Erfolg als Schein, seine Intelligenz als schwach usw. Und umgekehrt: Wenn mir das nicht gelingt, dann entwerte ich mich selbst und hebe den andern auf den Podest.

Auch im Neid bin ich nicht bei mir, bin ich mit mir selbst nicht zufrieden, habe kein Gefühl für meine Würde. Ich erkenne meinen Wert immer nur im Vergleich mit andern. Das ist sehr anstrengend. Es zwingt mich entweder, die andern übertreffen zu müssen, oder aber es stürzt mich in Depression, weil ich keine Chance sehe, mit den andern mithalten zu können.

Begegnung als Chance

Immer wieder können wir es erfahren, auch im Gespräch, in der Begegnung: Da wird auf einmal das, was die Menschen mitbringen, verwandelt. In solchen geglückten Situationen spüren sie, dass alles, was sie sind, einen Sinn hat. Thomas von Aquin hat einmal gesagt: Jeder Mensch ist ein einzigartiger Ausdruck Gottes. Und in der Tat: Die Welt wäre ärmer, wenn nicht jeder von uns auf seine persönliche und einzigartige Weise Gott in dieser Welt sichtbar und vernehmbar machen würde. So geschieht Verwandlung.

Du selber kannst Zeuge dieses wunderbaren Wandlungsprozesses sein, und oft genug darfst du selbst aktiv mithelfen, dass sich Chaos in Ordnung, Dunkles in Helles, Krankes in Heiles und Abgelehntes und Verdrängtes verwandelt in das unberührte Bild Gottes. Wer das in sich entdeckt, findet seine persönliche Berufung, sein Charisma, sein Wort, das nur er dieser Welt zu sagen hat.

Ratgeber werden

Wir spüren in uns einen Drang, unsere Wunden zu verstecken. Vielleicht wehrst auch du dich dagegen, sie anderen zu zeigen. Du denkst, das würde dich schwächen. Die Leute würden über dich schlecht reden, sie würden dich verachten und dich aus ihrer Gemeinschaft ausschließen. Doch das Gegenteil ist der Fall. Wenn du den Mut findest, deine Wunden zu zeigen, dann wirst du erfahren, wie Menschen zu dir kommen und dir von ihren Verletzungen und ihren Wunden erzählen. Du wirst zu einem Ratgeber für andere. Deine Wunde wird zu einer kostbaren Perle werden, für dich selbst und für andere.

Du musst deine Wunde freilich nicht jedem zeigen und brauchst auch ein Gewand, mit dem du deine Wunde bedecken kannst vor neugierigen Gaffern.

Spüre, wo es angebracht ist, die Wunden zu zeigen, und wo es besser ist, sie zu bedecken.

Vergeben

Der Schwache kann nicht verzeihen. Verzeihen ist eine Eigenschaft der Starken.« Das ist das Wort eines frommen Hindu, Mahatma Gandhi. Er hat sich in seinem Engagement übrigens ausdrücklich auf Jesus berufen.

Manche Christen empfinden es als Last, dass sie dem vergeben sollen, der sie verletzt hat. Bei ihnen bekommt die Vergebung einen resignierenden Beigeschmack. Ich darf gar nicht wütend sein. Ich muss vergeben. Doch Verzeihung ist immer Ausdruck von Stärke und nicht von Schwäche.

Ich kann dem andern nur vergeben, wenn ich mich erst einmal innerlich von ihm distanziert habe. Dazu brauche ich die Aggression, eine starke innere Kraft, mit der ich den andern aus mir herauswerfe.

Der zweite Schritt der Vergebung ist dann, dass ich die Verletzung beim andern lasse. Vergeben heißt: das, was der andere mir antut, wegzugeben, so dass es mich nicht mehr belastet.

Der dritte Schritt besteht dann darin, dass ich versuche, den andern zu verstehen. Wenn ich ihn verstehe, dann ist die Vergebung nicht mehr eine mühsame Pflicht, der ich mich unterziehe, um dem Gebot Jesu zu gehorchen, sondern ein Akt der Befreiung. Wenn ich verstehe, dass der andere mich nur verletzt hat, weil er selbst ein »verletztes Kind« ist, weil er seine eigenen Verletzungen weitergegeben hat, dann hat er keine Macht mehr über mich. Ich werde frei von dem, was er mir angetan hat.

Solange ich nicht vergeben kann, bin ich an den andern gebunden. Vergebung befreit mich. Manche Menschen werden nicht gesund, weil sie nicht vergeben können. Es braucht einen guten Selbstand, um vergeben zu können. Und zugleich führt die Vergebung zu innerer Stärke und Klarheit und Freiheit.

Lust am Leben wecken

Wer Verantwortung für andere hat, kann sie auf verschiedene Weise wahrnehmen. Er kann andere klein machen, damit er an seine eigene Größe glauben kann. Er kann abhängige Menschen um sich sammeln, deren einzige Aufgabe ist, den Chef zu bewundern. Doch wenn ich andere klein mache, kann ich auch nur eine kleine Leistung erwarten. Und von Bewunderungszwergen wird nichts Kreatives ausgehen. Für mich heißt Verantwortung und Führung: Leben wecken, Leben hervorlocken. Das verlangt, dass ich mich in den Einzelnen hineinmeditiere, dass ich mir bewusst mache, was ihn bewegt, worunter er leidet, wonach er sich sehnt, was in ihm an Potential steckt. Es verlangt ein gutes Sichhineinspüren in den andern, um den Schlüssel zu entdecken, durch den ich Zugang finde zum inneren Reichtum, der in jedem steckt, zu seinen Fähigkeiten, zu seiner Phantasie und Kreativität. Wer Leben weckt in den andern, dessen Arbeit ist in sich sinnvoll. Er dient mit seiner Arbeit dem Leben, der Gesundheit, der Freude, der Lust am Leben. Und er tut in seiner Arbeit nichts anderes, als das Gebot Jesu zu erfüllen: »Liebe deinen Nächsten wie dich selbst!«

Erbarmen üben

»Wer Erbarmen übt, tut sich selbst wohl.« Diese Einsicht steht in der Bibel (Sprüche 11,17). Sie ist gültig bis heute – vom »Mehrwert des Guten« hat Allan Luks einmal in zeitgemäßer Sprache gesprochen: Wer andern hilft, hilft auch sich selbst.

Auch das Gegenteil liegt auf der Hand: Wer den andern hart behandelt, tut sich selber weh. Wenn ich einen anderen anschreie, verletze ich mich selber. Ich möchte das Zarte in mir mit Geschrei übertönen. Doch das tut meiner Seele nicht gut. Wenn ich mich des andern erbarme, bin ich auch mir selbst gegenüber barmherzig. Barmherzig sein heißt, ein Herz für das Arme und Verwaiste, für das Elende und Verwundete in mir zu haben. Ich kenne allerdings auch Menschen, die andern gegenüber barmherzig sind, aber sich selbst mit einem harten und fordernden Herzen begegnen. Bei diesen Menschen kommt das Erbarmen nicht wirklich aus ihrem Herzen. Es entspringt nur ihrem Willen. Doch in solchen Fällen kommt das Erbarmen beim andern nicht wirklich als Barmherzigkeit an, sondern eher als etwas, das dem Empfänger ein schlechtes Gewissen macht, das ihn mit Schuldgefühlen erfüllt. Bei solcher »Barmherzigkeit« fühle ich mich nicht wohl. Ich werde die Barmherzigkeit des andern nur als wohltuend erfahren, wenn er mit sich selbst barmherzig umgeht. Dann wird das Erbarmen wechselseitig. Das Erbarmen tut mir und dem andern gut. Beide spüren wir unsere Herzen, die aufhören, zu verurteilen und zu fordern, die sich vielmehr öffnen und sich erbarmen.

Gutes tun

Durch nichts ist der Mensch den Göttern näher, als wenn er seinem Nächsten Gutes tut.« Der römische Philosoph und Redner Cicero hat das gesagt und also schon vor Christus und außerhalb der jüdischen Theologie erkannt, dass die Nächstenliebe den Menschen in die Nähe Gottes bringt. Wer etwas Gutes tut, wird im andern Menschen etwas von seiner göttlichen Würde entdecken. Und er wird in sich selbst mit dem göttlichen Kern in Berührung kommen. Er wird im Gutes-Tun entdecken, dass in ihm eine göttliche Liebe ist, an der er teilhat. Darin besteht seine tiefste Würde.

Ruhiges Wasser

Das Sich-selbst-Aushalten ist die Voraussetzung für jeden geistlichen Fortschritt, aber auch für menschliche Reife. Es gibt keinen reifen Menschen, der nicht den Mut hatte, sich selbst auszuhalten und seiner eigenen Wahrheit zu begegnen. Eine Vätererzählung vergleicht das Bleiben in der Zelle mit dem ruhigen Wasser, in dem man sein Gesicht klarer erkennen kann: »Drei Studierende, die sich liebten, wurden Mönche, und jeder von ihnen nahm sich ein gutes Werk vor. Der erste erzählte dies: Er wollte Streitende zum Frieden zurückführen, nach dem Wort der Schrift: Selig sind die Friedfertigen. Der zweite wollte Kranke besuchen. Der dritte ging in die Wüste, um dort in Ruhe zu leben. Der erste, der sich um die Streitenden müht, konnte doch nicht alle heilen. Und von Verzagtheit übermannt, ging er zum zweiten, der den Kranken diente, und fand auch den in gedrückter Stimmung. Denn auch er konnte sein Vorhaben nicht ganz ausführen. Sie kamen daher beide überein, den dritten aufzusuchen, der in die Wüste gegangen war, und sie erzählten ihm ihre Nöte und baten ihn, er möge ihnen aufrichtig sagen, was er gewonnen habe. Er schwieg eine Weile, dann goss er Wasser in ein Gefäß und sagte ihnen, sie sollten hineinschauen. Das Wasser war aber noch ganz unruhig. Nach einiger Zeit ließ er sie wieder hineinschauen und sprach: ‚Betrachtet nun, wie ruhig das Wasser jetzt geworden ist.' Und sie schauten hinein und erblickten ihr Angesicht wie in einem Spiegel. Drauf sagte er weiter: ‚So geht es dem, der unter den Menschen weilt: Wegen der Unruhe und Verwirrung kann er seine Sünden nicht sehen. Wer sich aber ruhig hält und besonders in der Einsamkeit, der wird bald seine Fehler einsehen'«.

Hier wird nicht die Nächstenliebe verurteilt. Es wird vielmehr die Gefahr deutlich, die im Helfenwollen stecken kann. Da meinen wir, wir könnten der ganzen Welt helfen. Dahinter steckt jedoch oft ein Omnipotenzgefühl. Bei allem, was wir tun, braucht es immer wieder auch das Aushalten, das Bleiben in der Zelle und das Schweigen. Dadurch wird das Wasser in unserem Gefäß ruhig, und wir können unsere Wahrheit in ihm erkennen.

Helfen

»Wer andern gerne hilft, wird wohlgenährt; wer andre sättigt, wird auch selber gesättigt.« (Sprüche 11,25)

Als das Buch des Psychologen Wolfgang Schmidbauer »Die hilflosen Helfer« erschien, wurde es modern, jedes Helfen zunächst einmal zu hinterfragen. Manche Menschen helfen andern, doch in Wirklichkeit brauchen sie selbst Hilfe. Sie verlagern ihre Hilflosigkeit nach außen und erwarten sich davon Rettung. Andere üben Macht aus mit ihrem Helfen. Doch bei allem kritischen Hinschauen gibt es eben auch das echte Helfen. Und das Helfen muss gar nicht ganz rein sein, als ob wir nur aus ganz edlen Gründen helfen. Wer andern hilft, der bekommt auch etwas zurück. Das Buch der Sprüche formuliert es sehr realistisch: Der Helfer wird vom Helfen satt.

Eine Mönchsgeschichte bringt das Bild vom ungereinigten Getreide, das wir säen. Wir haben kein reines Getreide. Doch anstatt zu warten, bis unsere Motivation ganz und gar rein ist, sollen wir lieber das ungereinigte Getreide aussäen, damit wir und andere davon satt werden. Wer all sein Tun völlig hinterfragt, wird nie zum Handeln kommen, das ihm und andern Segen bringt. Ich darf beim Helfen dankbar wahrnehmen, dass es auch mir gut tut, dass ich etwas zurückbekomme, wenn ich einem andern beistehe.

Sorgt für euch selber

Es gibt Menschen, die sich zu sehr für andere aufopfern und sich selbst dabei vergessen. Ihnen sage ich immer wieder: Sorgt auch für euer eigenes Wohl. Aber dem, der vor lauter Sich-selbst-Wohltun nur noch um sich kreist, kann ich nur einen anderen Rat geben: Gehe auf andere Menschen zu. Lass dich auf sie ein. Versuche zu helfen, wo du helfen kannst. Schenke deine Zuwendung.

Gut zu leben heißt immer auch: in Beziehung leben. Wer nur um sich selber kreist, der tut sich selbst nichts wirklich Gutes. Nur wer andere liebt, bekommt die Liebe zurück. Jeder, der einem anderen schon einmal wirklich helfen konnte, konnte es erfahren: Das Glück dessen, dem man geholfen hat, strahlt auf den Helfer zurück.

Teilen

Der Geschmack des geteilten Brotes hat nicht seinesgleichen«, sagt Antoine de Saint-Exupéry.

Viele haben diese Erfahrung gemacht, dass Brot besser schmeckt, wenn man es mit einem andern teilt. Wir sind auf der Wanderung. Ein Wanderer hat kein Brot mitgenommen. Er hat sich verschätzt. Wir geben ihm von unseren Broten. Es schmeckt ihm und uns besser. Offensichtlich ist es nicht nur das Brot, das den Geschmack hergibt. Es ist auch die Liebe, die wir in das Brot hineinlegen, die das Brot so schmackhaft macht. Und es ist die Gemeinschaft, die entsteht, wenn wir miteinander das Brot teilen. In jeder Eucharistiefeier bricht der Priester das Brot und teilt es aus. Er tut das, was Jesus beim letzten Abendmahl getan hat: »Während des Mahls nahm er das Brot und sprach den Lobpreis; dann brach er das Brot, reichte es ihnen und sagte: Nehmt, das ist mein Leib.« (Mk 14,22) Die Jünger haben in diesem gebrochenen und geteilten Brot Jesus selbst geschmeckt, der sie bis zur Vollendung geliebt hat, der sich für sie zerbrechen ließ, damit ihr Leben nicht zerbricht, der sich selbst ihnen mitteilte, damit sie auf neue Weise ihr Leben miteinander teilen.

Heilen

Wenn sich die Menschen durch dich geachtet fühlen, bei einer Begegnung, beim Gruß, den du ihnen schenkst, dann geschieht durch dich genau das, was durch Jesus geschehen ist. Noch heute geschieht Heilung auf die gleiche Weise. Auch durch uns – wenngleich nicht durch unser Verdienst: Wir dürfen Menschen, die sich selbst nicht bejahen können, die sich aussätzig fühlen, bedingungslos annehmen und ihnen so die eigene Selbstannahme ermöglichen. Da dürfen wir Menschen, die blockiert sind, gehemmt und gelähmt, wieder zum Leben hervorlocken. Da gelingt es uns manchmal, dass Menschen, die verstummt sind, die niemanden haben, mit dem sie über sich und ihre eigentliche Wahrheit reden, zu sprechen beginnen, dass Menschen, die taub geworden sind, die sich innerlich verschlossen haben, wieder durch ein Wort angerührt werden und ihr Herz öffnen. Und da erleben wir, wie Menschen, die sich mit Schuldgefühlen selbst zerfleischen, Vergebung erfahren und frei werden von der destruktiven Tendenz der Selbstverstümmelung. Solche Wunder geschehen auch heute immer wieder, nicht durch unser Verdienst, sondern weil Gott uns schwache Menschen immer wieder als sein Werkzeug nimmt, um heute Menschen zu heilen und zu befreien. Das ist göttliches Leben, das durch uns hindurchgeht, über das wir nur dankbar staunen dürfen.

Frieden schaffen

Wir alle suchen nach Frieden. Du wirst keinen Frieden schaffen, wenn du nicht auch deine kämpferische Seite mit einbringst. Manchmal ist diese aggressive Kraft hilfreich, um Friedensziele durchzusetzen. Manchmal scheint sie aber auch Zeichen einer inneren Unzufriedenheit zu sein. Wenn Menschen, die in sich zerrissen sind, Frieden stiften wollen, erreichen sie nur das Gegenteil. Frieden entsteht nicht durch Verdrängen oder Unterdrücken der Aggression. Du musst deine kämpferische und aggressive Seite anschauen und sie in deinen Kampf für den Frieden mit dir selbst und mit den Menschen integrieren. Dann wirst du in dir Frieden erfahren, und von dir wird Frieden ausgehen in deine Umwelt.

Auf andere zugehen

Viele denken heute, sie müssten vor allem ihre eigenen Grenzen wahren, damit sie sich nicht überfordern. Doch oft genug fühlen sie sich in ihren engen Grenzen eingezwängt, und das Leben in ihnen erstirbt.

Trau dich, auf Menschen zuzugehen, nicht um dein schlechtes Gewissen zu beruhigen, sondern aus einer inneren Freiheit heraus. Entwickle Phantasie, wie du Freude in das Leben der Menschen bringen kannst, denen du begegnest. Die Rosen, die du in das Leben anderer bringst, duften nicht nur für sie, sondern auch für dich. Sie erfüllen auch dein Herz mit Liebe und Freude.

Indem du dich auf Menschen zu bewegst, kommt in dir etwas in Bewegung, wirst du innerlich frei und weit. Das war das Geheimnis der heiligen Elisabeth. Die Legende vom Rosenwunder erzählt davon. Es könnte auch das Geheimnis deines Lebens werden.

Zum Segen werden

Auf Not treffen wir auch noch heute, wenn wir nur die Augen aufmachen. Vielleicht denkst du, wo soll ich schon Not lindern können. Ich habe doch nichts zu bieten. Ich habe keine besonderen Fähigkeiten. Aber auch du kannst zur Quelle des Segens werden, so wie du bist. Du musst nichts Besonderes können. Du brauchst keine außerordentliche Begabung. Vertraue darauf, dass Gott dich zu einer Quelle des Segens gemacht hat für andere. Du musst nur deine Spur finden, du musst den Weg herausfinden, auf dem du für andere zum Segen werden kannst. Wenn du authentisch lebst und ein Gespür hast für die Menschen, die deiner bedürfen, dann wird auch dein Leben fruchtbar werden für diese Welt.

Nimm deine Freunde als Geschenk

Resonanz der Melodie deines Herzens

Ein Geschenk

Neben der Liebe bedarf der Mensch der Freundschaft, wenn er nicht Schaden an seiner Seele nehmen will. Antike Dichter und Philosophen leben aus dem Schatz der Freundschaft und singen ihr Lob. Für die griechischen Philosophen ist die Freundschaft immer auch Ausdruck von Tugend. Pythagoras, der selbst einen philosophischen Freundesbund leitete, nennt die Freundschaft die Mutter aller Tugenden. Freundschaft können demnach nur Menschen miteinander schließen, in denen ein guter Kern ist. Wer nur um sich selbst kreist, der ist in sich gefangen und daher unfähig zur Freundschaft. Doch bei aller menschlichen Voraussetzung für das Entstehen echter Freundschaft haben die Menschen immer auch erfahren, dass es ein Gottesgeschenk ist, wenn zwei Menschen zueinanderfinden. So sagt der bedeutendste aller griechischen Philosophen, Platon: »Gott macht die Freunde; Gott bringt den Freund zum Freund.«

Eine höhere Macht ist es letztlich, die Menschen, in denen gleicher Seelenklang ertönt, zueinanderführt. Freunde wissen oft selber nicht, warum sie Freunde geworden sind und wie die Freundschaft entstanden ist. Es ist immer etwas Geheimnisvolles um das Werden der Freundschaft. Auf einmal ist sie da. Die Türe in meinem Herzen wurde gerade für diesen Menschen geöffnet.

Übereinstimmung

Der griechische Philosoph Aristoteles kennt drei Arten der Freundschaft: die Freundschaft um des Nutzens, der Lust oder des Guten willen. Die beiden ersten sind für ihn im Grunde egoistisch und halten meist nur kurze Zeit. Nur die um des Guten willen geschlossenen Freundschaften sind dauerhaft und verdienen eigentlich den Namen Freundschaft. In ihnen wird sichtbar, dass beide das Gleiche wollen oder – wie Aristoteles sagt – dass Freunden alles gemeinsam ist. Die römischen Philosophen Cicero und Seneca führen weiter, was Aristoteles über die Freundschaft geschrieben hat. Für sie ist Freundschaft Übereinstimmung in allen heiligen und weltlichen Dingen, verbunden mit gutem Willen und Zuneigung. Für Cicero gehört dies zur Freundschaft: »Dasselbe wollen und dasselbe nicht wollen«.

Schweigen und Staunen

»Die besten Freunde sind diejenigen Menschen, mit denen man über dieselben Dinge schweigen kann.« Es war ein weiser Mann, der dies gesagt hat. Denn es ist wahr: Zur Freundschaft gehört das Gespräch. Im Gespräch berühren wir das Geheimnis des andern. Da kommen wir uns einander näher. Wir dürfen alles sagen, ohne es auf die Goldwaage zu legen. Doch zur Freundschaft gehört auch das Schweigen. Ein intensives Gespräch mündet oft im Schweigen. Wenn wir noch weitersprechen würden, würden wir das, was wir im Gespräch berührt haben, zerreden. Im Schweigen werden wir auf neue Weise eins miteinander.

Der eingangs zitierte Satz meint noch etwas anderes. Es spricht davon, dass die Freunde über dieselben Dinge schweigen können. Wie soll man über etwas schweigen? Schweigen ist doch einfach nur die Stille. Da ist doch gar kein Thema da. Über dieselben Dinge schweigen meint sicher nicht: brisante Themen auszuklammern, die zum Streit führen könnten. Da wäre Schweigen nur eine Vermeidungsstrategie. Schweigen über dieselben Dinge, das heißt für mich, dass man gemeinsam etwas schweigend genießen kann, etwa einen Sonnenuntergang, eine Bruckner'sche Symphonie, ein Gemälde. Die Freunde bleiben schweigend und staunend stehen, wenn sich auf einmal bei der Bergwanderung eine wunderbare Aussicht eröffnet. Sie genießen schweigend das Panorama. Sie lassen dem andern das schweigende Staunen. Sie zerreden nicht die Schönheit der Schöpfung. Sie schweigen miteinander, um das in sich eindringen zu lassen, was jeden persönlich berührt. Irgendwann ist dann auch die Stunde, dass man über diese Erlebnisse sprechen kann. Aber zu einer Freundschaft gehört es, dass man tiefe Erfahrungen schweigend miteinander teilt, anstatt sie durch

Reden analysieren zu wollen. Der Freund lässt dem andern das Geheimnis. Er öffnet für den anderen einen Raum der Stille. Die Stille, die der Freund mir schafft, hat eine andere Qualität als das Schweigen, das ich in der Einsamkeit wahrnehme. Gemeinsame Stille verbindet, sie führt uns ein in das Geheimnis des Seins, in das Geheimnis Gottes.

Wie die Sonne

Die Freundschaft ist wie die Sonne, die das Leben des Menschen erhellt. So hat es der römische Philosoph Marcus Tullius Cicero erfahren: »Die nehmen aus dem Weltenraum die Sonne weg, die aus dem Leben die Freundschaft wegnehmen.«

Ohne Freundschaft wird das Leben in der Tat dunkel und freudlos. Psychologen wissen davon zu berichten, dass Menschen, die keine Freunde haben, an Schicksalsschlägen und Krisen wesentlich mehr leiden. Sie kommen manchmal nicht über die Erfahrung eines tiefen Leides hinweg. Gerade im Leiden bewährt sich der Freund. Wer da treu zur Seite steht, erweist sich erst als Freund. Cicero hat das in dem berühmten Satz zum Ausdruck gebracht: »Amicus certus in re incerta cernitur. Ob einer ein zuverlässiger Freund ist, das erkennt man in der Gefahr.«

Herzensmelodie

Seit jeher haben die Weisen den Wert der Freundschaft gepriesen und in immer neuen Bildern das Geheimnis des Freundes ausgedrückt. Ein Bild hat sich mir besonders tief eingeprägt: »Ein Freund, das ist jemand, der auf die Melodie deines Herzens hört – und sie dir wieder vorsingt, wenn du sie einmal vergessen hast.«

Ich weiß nicht mehr, von wem dieser Satz stammt. Aber dass der Freund auf die Melodie meines Herzens hört – das ist für mich ein wunderbares Bild. Der Freund hört genau hin, was mich im Innersten bewegt. Er hört sich in mich hinein, um zu entdecken, was die Grundmelodie meines Lebens ist, um wahrzunehmen, wo und wie mein Leben zum Schwingen und Tönen kommt. Und wenn ich diese Melodie vergessen habe, weil ich mich durch die Anforderungen des Alltags von mir selbst entfernt habe, dann singt mir der Freund diese Melodie vor. Er bringt mich wieder in Berührung mit meinem eigentlichen Kern, mit meinem wahren Wesen. Er spiegelt mir, wer ich bin. Der Freund erinnert mich an das, was ich im Tiefsten bin. Seine Aufgabe ist also mehr, als mich nur zu verstehen und mehr als nur bei mir zu stehen. Er nimmt vielmehr die Melodie meines Herzens in sich hinein, um sie dann wieder neu zum Klingen zu bringen, wenn sie in mir verstummt ist.

Festes Zelt

Die eigene Not ist für die Weisen der Bibel ein Testfall für den wahren Freund. So heißt es im Buch Jesus Sirach, in dem griechische Weisheit mit jüdischer Spiritualität verbunden wird: »Mancher ist Freund als Gast am Tisch, am Tag des Unheils ist er nicht zu finden. In deinem Glück ist er eins mit dir, in deinem Unglück trennt er sich von dir. Trifft dich ein Unglück, wendet er sich gegen dich und hält sich vor dir verborgen.« (Sir 6,10–12) Erst im Leiden wird die wahre Freundschaft erprobt. Der wirkliche Freund steht dem Leidenden treu zur Seite. Er geht mit ihm durch alle seine Schwierigkeiten und Nöte. Von so einem Freund gilt die Erfahrung, die Jesus Sirach mit den Worten ausdrückt: »Ein treuer Freund ist wie ein festes Zelt; wer einen solchen findet, hat einen Schatz gefunden. Für einen treuen Freund gibt es keinen Preis, nichts wiegt seinen Wert auf.« (Sir 6,14f) Der Freund ist wie ein schützendes Zelt, das sich über mir wölbt. In diesem Zelt kann ich daheim sein. Da bin ich geborgen, geschützt von der stechenden Sonne und der nächtlichen Kälte.

Heimat

In der Freundschaft erfahren wir Heimat. Rainer Maria Rilke sagt: »Was ich an Heimat habe, liegt, da und dort verteilt, im Bewusstsein der Freunde.« Dort, wo die Freunde sind, dort ist Heimat. Und Heinrich Zschokke drückt die gleiche Erfahrung so aus: »Wer ohne Freund ist, geht wie ein Fremdling über die Erde, der zu niemandem gehört.« In der Zeit des Rokoko, in der sich der Bürger in einem absolutistischen Staat oft genug ohnmächtig und überflüssig fühlte, wurde die Freundschaft zu einem Raum, in dem man sich mit Gleichgesinnten traf und darin die Erfüllung des eigenen Daseins erfuhr. Wie Chateaubriand es ausdrückt, zog man sich »mit einem vollen Herzen in einer leeren Welt« in die Freundschaft zurück. Freundschaft wurde zum Ort, an dem man sich daheim fühlte. Was die Menschen damals erlebten, trifft auch auf unsere Zeit zu. Gerade in der Anonymität unserer Zeit braucht es Orte der Heimat, Orte, an denen ich zu Hause sein kann. Auch heute gilt: Dort, wo Freunde sind, entsteht Heimat.

Wegbegleiter

Ein japanisches Sprichwort sagt: »Mit einem Freund an der Seite ist kein Weg zu lang.« Der Freund an der Seite gibt uns Kraft, weiterzugehen, auch wenn die Schwierigkeiten von allen Seiten auf uns einstürmen. Er hält uns, nicht aufzugeben, wenn wir mit dem Rücken an der Wand stehen. Er motiviert uns, den Kampf des Lebens zu wagen. Ohne Freund sind wir in Gefahr, den Boden unter den Füßen zu verlieren. Wenn ich weiß, dass mein Freund zu mir steht, dann relativieren sich die Probleme. Ohne Freund hätte ich schon manchmal gesagt: »Macht euren Dreck alleine!« Aber ich weiß genau, dass ich mir und den Menschen, für die ich verantwortlich bin, mit dieser Reaktion keinen Gefallen getan hätte. Das Gespräch mit dem Freund lässt mich schnell meine eigenen Lebensmuster durchschauen. Ich spüre, wenn ich in eine Sackgasse rennen würde. Der Freund bewahrt mich davor. Er gibt mir den langen Atem, den ich brauche, um meinen Weg zu Ende zu gehen.

Beschwingt

Die seit ihrer frühen Jugend gelähmte Schriftstellerin Zenta Maurina hat die Freunde als Quelle ihres Lebens erfahren, als Quelle auch der Kraft, dieses behinderte Leben in einer guten Weise zu meistern: »Was für den Vogel die Kraft der Schwingen, das ist für den Menschen die Freundschaft; sie erhebt ihn über den Staub der Erde.« In der Tat: Der Freund an der Seite ist wie ein Vogel, der mich auf dem beschwerlichen Weg meines Lebens emporhebt, damit ich leichten Schrittes den Weg weitergehen kann, ohne über jeden Stein zu stolpern, der sich mir in den Weg legt. Das Gespräch mit dem Freund relativiert die Probleme und lässt sie mich in einem anderen Licht sehen. Sie sind nicht mehr so bedrohlich. Die Nähe des Freundes wird zu einem Schutz vor den negativen Emotionen, die mir von außen entgegenkommen. Sie wiegt all das Schwere auf, das täglich auf mich einstürmt.

Fluss der Gefühle

Es ist keineswegs selbstverständlich, dass Freundschaft gelingt. Georges Bernanos bezeichnet die Langeweile als die größte Gefahr: »Keine Freundschaft vermag der Langeweile zu widerstehen.« Wenn sich Freunde nichts mehr zu sagen haben, wenn sie sich an sich gewöhnt haben, aber nicht mehr offen sind für etwas, das sie übersteigt, dann wird die Langeweile die Freundschaft töten. Es fließt nichts mehr zwischen den Freunden. Die Freundschaft vertrocknet, versandet. Langeweile entsteht immer dann, wenn die Quelle der Phantasie und Kreativität versiegt. Oft besteht die Ursache dafür darin, dass man die eigenen Gefühle vor dem andern verschließt. Je mehr man aber an Gefühlen zurückhält, desto weniger kann in uns und zwischen uns strömen. Wir verhärten uns immer mehr. Und diese Härte wird zur Langeweile. Wir öden uns an, anstatt voller Begeisterung uns all das zu erzählen, was wir spüren und erleben.

Wer ständig beschäftigt ist, wer sich in die Arbeit flüchtet, der hat nicht nur keine Zeit zur Freundschaft, sondern er wird auch unfähig, einem andern Freund zu sein. Nicht die Erfolgreichen sind die besten Freunde, sondern die vom Schicksal Benachteiligten, die sich ihrer eigenen Gefährdung stellen, die sich ihrer Grenzen und Schwächen bewusst sind. Freundschaft braucht Offenheit für den andern. Wer seine Gefühle mit Aktivitäten zustopft, wird unfähig, sie mit dem Freund zu teilen. Wer aber nichts mehr zu teilen hat, kann keines Menschen Freund sein. Genießen kann die Freundschaft nur, wer sich seiner eigenen Armut stellt.

So hat es Johann Wolfgang von Goethe erfahren: »Nur uns Armen, die wir wenig oder nichts besitzen, ist es gegönnt, das Glück der Freundschaft in reichem Maße zu genießen. Wir haben nichts als uns selbst. Dieses ganze Selbst müssen wir hingeben.«

Gleichheit

Jedes zu große Übergewicht von einer Seite stört die Freundschaft«, sagt Adolf Freiherr von Knigge. Wenn der eine Freund sich als Helfer, Therapeut, Gönner des anderen gibt, dann zerstört das die Freundschaft. Freundschaft braucht ein Du und Ich, das auf der gleichen Ebene steht. Einer beschenkt den andern. Eine befruchtet die andere. Wenn eine Helferbeziehung zur Freundschaft wird, dann muss der Helfer von seiner Position herabsteigen und sich auf die Ebene des Freundes begeben. Wenn er immer wieder seine Vaterrolle oder Helferrolle einnimmt, zerstört er damit die Freundschaft. Der Freund fühlt sich behandelt und belehrt, aber nicht um seiner selbst willen geliebt.

»Übermaß der Wohltaten schwächt die Freundschaft statt sie zu stärken«, sagt Ernst Raupach. Es gibt Freunde, die dem Freund zu viel schenken. Das bewirkt im Freund das Gefühl, der andere möchte sich die Freundschaft erkaufen. Er wird das Gefühl unterdrücken. Aber schon bald wird das unterdrückte Gefühl in ihm zur Aggression und schließlich zur Verhärtung führen. Und das verhärtete Herz kann keine Freundschaft mehr fühlen. Es darf kein Gefälle in der Freundschaft geben, etwa das Gefälle des reichen Gebers und des armen Empfängers, des Unwissenden und des Wissenden, des Gesunden und des Kranken. Freundschaft braucht die Gleichheit der Freunde, sonst ist sie bedroht.

Männerfreundschaften

Auch heute sind für viele Männer ihre Freunde wichtig. Es gibt viele Männergruppen, in denen man sich austauscht und miteinander etwas unternimmt. Und es gibt wichtige persönliche Freunde. Mit ihnen wollen die Männer Freundschaft auch weiterhin leben, wenn sie verheiratet sind. Für junge Ehefrauen ist das manchmal ein Problem. Sie meinen, der Mann müsse nun alle seine Liebe nur ihr zeigen. Doch offensichtlich braucht ein Mann auch den Freund, um ganz er selbst zu werden. Selbst die Liebe zu seiner Frau, auch wenn sie noch so erfüllend ist, ersetzt ihm nicht auf Dauer diese Qualität der Freundschaft. Wenn Männer aus Rücksicht auf ihre Frau mit ihren Freunden brechen, so tut das in der Regel der Ehe nicht gut. Freunde geben der Ehe einen größeren und solideren Rahmen. Die Freundschaft mit anderen Männern bereichert die Liebe zwischen Mann und Frau, anstatt sie zu gefährden. Sie entlastet sowohl den Mann als auch die Frau von Übererwartungen. Die Frau kann nicht alle Erwartungen des Mannes erfüllen und umgekehrt. Beide brauchen noch andere Beziehungen, damit die eigene Beziehung das richtige Maß findet.

Frauenfreundschaften

Es gibt viele Freundschaften zwischen unverheirateten Frauen. Sie begleiten einander, geben einander Halt, tauschen sich aus, teilen ihre Erfahrungen, ihre Gefühle, ihre Erlebnisse. Sie verreisen miteinander und haben die gleichen Interessen. Manchmal befruchten sie sich gegenseitig auf ihrem spirituellen Weg. Viele Ehefrauen sind miteinander befreundet. Während die Männer in der Arbeit sind, treffen sie sich, sprechen über die Kinder und über ihre Partnerschaft. Die Freundschaft mit anderen Frauen gibt ihnen ein Gefühl von Heimat. Die Freundschaft zwischen einer unverheirateten und verheirateten Frau hat ihren eigenen Wert. Oft ist sie für beide fruchtbar. Die verheiratete hat durch ihre Freundschaft teil an der Welt der unverheirateten und umgekehrt. Das erweitert ihren Horizont und relativiert ihre Probleme.

Frauen, die auf ihre Weise echte Freundschaft leben, erfahren, was Anna Luise Karsch mit den Worten ausgedrückt hat: »Meine Freunde sind das kostbarste Geschenk meines Glückes. Ich vertausche sie nicht für Reichtümer.« Viele Frauen fühlen sich von ihren Freundinnen genauso gehalten wie von ihren Familien. Die Schriftstellerin Zenta Maurina schreibt echten Freundinnen die Fähigkeit zu, »trübe Dezemberstunden in Maitage zu verwandeln und mitten in der Nacht ein Licht zu entzünden«.

Freiraum

Das rechte Miteinander von Liebe und Freiheit zu finden, ist nicht einfach. Unsere Liebe ist oft genug vermischt mit Besitzansprüchen, mit Festklammern, mit Erwartungen an den andern. Und sie erhebt oft den Anspruch der Gegenseitigkeit. Was ich für den andern tue, das erwarte ich auch von ihm. Doch dieses Rechnen verunmöglicht wahre Freundschaft. Es gibt Freunde, die sich jahrelang nicht sehen und nicht miteinander kommunizieren. Doch sobald sie sich treffen, flammt die Freundschaft wieder auf. Die Liebe und das Verstehen strömen zwischen den beiden, als ob sie sich erst gestern getrennt hätten. Sie sind miteinander vertraut. Sie kommen in der Erzählung sofort zum Wesentlichen. Sie berühren einander. Sie werden eins in ihrem Herzen. Sie haben sich gegenseitig in die Freiheit entlassen, ohne ihre Liebe zueinander zu verlieren.

Das Verhältnis von Freiheit und Liebe wird bei jedem Freundespaar anders sein. Immer wenn ich einen Freund gern habe, entsteht auch ein Stück Abhängigkeit. Wenn ich mir dieser Abhängigkeit bewusst werde, kann ich mich davon distanzieren und den Freund bewusst freilassen. Echte Freundschaft zeichnet sich durch innere Freiheit aus. Ich darf sagen, was ich fühle, ohne alles berechnen zu müssen. Ich bin frei, den Weg zu gehen, den ich als richtig erkannt habe. Ich brauche keine falsche Rücksicht auf den Freund zu nehmen, wenn ich spüre, dass ich eine andere Aufgabe oder einen anderen Wohnort wählen sollte. Ich kann frei atmen. Und ich lasse auch dem Freund den Freiraum, den er für sein Leben braucht.

Trau der Liebe – und geh ihr auf den Grund

Nur mit dem Herzen siehst du gut

Geheimnis des Herzens

Eines der berühmtesten Worte von Antoine de Saint-Exupéry, das viele Menschen nach wie vor berührt, steht in seiner Parabel vom »Kleinen Prinzen«, jenen Geschichten von der Suche des Menschen nach Glück: »Adieu, sagte der Fuchs. Hier mein Geheimnis: Es ist ganz einfach: Man sieht nur mit dem Herzen gut. Das Wesentliche ist für die Augen unsichtbar.«

Die deutsche Sprache hat für die drei Wörter glauben, lieben und loben die gleiche Wurzel: liob = gut. Glauben heißt »für lieb halten, gutheißen«. Liebe besteht darin, das Gute, das ich im andern sehe, gut zu behandeln. Und loben meint: das Gute auch ansprechen und gut über einen Menschen reden und ihm so Raum zur Entfaltung und zum Wachsen schaffen.

Die Sprache und was sich in ihr an Weisheit verdichtet hat, entspricht der Erfahrung des Fuchses aus dem Kleinen Prinzen von de Saint-Exupéry. Das Herz sieht gut. Und indem es gut sieht, entdeckt es das Gute im andern. Wer mit einer schwarzen Brille auf den andern sieht, wird nur das Dunkle in ihm wahrnehmen. Das Lichte und Helle, das Gute und Milde wird er übersehen. Nur wenn ich mit meinem Herzen auf meinen Nachbarn sehe, werde ich ihm gerecht. Aber die Voraussetzung ist, dass mein Herz gut ist, dass ich die destruktiven Gedanken nicht in mein Herz lasse. Wessen Herz eine Mördergrube ist, der kann auch nicht gut sehen und das Gute im andern erkennen.

Das Wesentliche ist für die Augen unsichtbar. Die Augen sehen die Oberfläche. Sie nehmen wahr, wie die Gesichtszüge des andern sind. Sie nehmen den Ärger wahr, die Unzufriedenheit, die Verschlossenheit, die Härte, den Gram und das Leid. Das Herz sieht tiefer. Es sieht hinter das Antlitz eines Menschen. Es sieht in sein Herz. Und im Herzen eines jeden Menschen erkennt es die Sehnsucht, gut zu sein, im Frieden mit sich und der Welt zu sein, die Sehnsucht, sich und sein beschädigtes Leben Gott hinzuhalten und in Gott Heilung zu finden und in Einklang zu kommen mit sich selbst.

Das Wesentliche eines Menschen ist unsichtbar. Aber auch das Wesentliche der Welt.

Lebenskunst besteht darin, mit dem Herzen zu sehen. Nur wenn ich mit dem Herzen sehe, begegne ich in der Blume der Schönheit ihres Schöpfers und im Baum meiner eignen Sehnsucht, fest verwurzelt zu sein in einem tieferen Grund. Nur dann empfinde ich sogar beim Anblick eines Baumes die Sehnsucht, so in meine Gestalt hineinzuwachsen und so aufzublühen, dass andere in meinem Schatten Geborgenheit und in meiner Nähe Trost finden.

Nur das Herz sieht in allem die Spuren jener letzten Wirklichkeit und Gewissheit, die mich aus dem Antlitz jedes Menschen und aus jedem Stein und jedem Grashalm anblickt, um mir zu sagen: »Du bist geliebt. Die Liebe umgibt dich in allem, was du siehst.«

Nicht festhalten

Liebe lässt sich nur bewahren, indem man sie verschenkt: Ein Glück, das wir für uns allein suchen, ist nirgends zu finden, denn ein Glück, das sich verringert, wenn wir es mit anderen teilen, ist nicht groß genug, um uns glücklich zu machen.« Der wohl bekannteste Mönch des 20. Jahrhunderts hat diese Einsicht formuliert: Thomas Merton.

Und doch: Ich erlebe immer wieder viele Menschen, die es als ihre wichtigste Aufgabe ansehen, sich von andern abzugrenzen. Sie haben eine heillose Angst, dass sie einmal ausgenutzt werden könnten, dass sie sich mit ihrem Einsatz für andere überfordern. Doch wer so ängstlich nur auf seine Abgrenzung blickt, wird nie die Liebe erfahren, zu der er fähig ist. Die Liebe will fließen. Und nur wenn sie fließt, kann ich sie spüren. Ich kann die Liebe nicht in einem verschlossenen Gefäß aufbewahren. Dann würde sie schnell verderben. Natürlich braucht die Liebe auch die Grenze. Denn wir sind nicht Gott. Wir können nicht unbegrenzt lieben. Aber wir haben teil an der Unbegrenztheit der göttlichen Liebe. Wenn unsere Liebe aus der Quelle der göttlichen Liebe strömt, dann fließt sie aus uns heraus, ohne dass wir uns verausgaben. Dann wird sie sogar stärker, wenn sie von uns auf andere fließt. Wir bekommen etwas zurück, ohne dass wir das bezwecken. Wer nur liebt, damit er geliebt wird, fühlt sich bald verausgabt. Wer jedoch der Liebe traut, die in ihm strömt, der wird beschenkt, wenn er sie weiterschenkt.

Nur solch verströmende Liebe macht den Menschen glücklich. Glück braucht immer auch eine innere Weite und Freiheit, ein Strömen und Fließen des Lebens und der Liebe. Alles egoistische Festhalten zerstört das Glück.

Nicht klammern

Wer an seinem Leben hängt, verliert es; wer aber sein Leben in dieser Welt gering achtet, wird es bewahren bis ins ewige Leben.« Dieser Satz steht im Evangelium des Johannes (Joh 12,24f). Wir müssen demnach uns und unsere Vorstellungen vom Leben loslassen, dann wird sich uns ein Raum von neuen Möglichkeiten auftun. Wir müssen den Nächsten loslassen, dann wird wirkliche Beziehung möglich. Wenn sich in einer Partnerschaft einer am anderen festklammert, wird die Beziehung auf die Dauer unmöglich. Eine Partnerschaft kann nur bestehen, wenn einer den andern auch loslässt und freilässt. Loslassen, so sagt uns auch die Psychologie, ist die Voraussetzung für ein erfülltes Leben.

Liebe braucht Zeit

»Wer ungeduldig ist, der liebt nicht.« Als ich diesen Satz – ein italienisches Sprichwort – zuerst gelesen habe, war ich sehr verwundert. Wie hängen Geduld und Liebe zusammen? Warum ist der Ungeduldige unfähig zu lieben? Doch die Liebe hat in der Tat mit Warten und mit Tragen und Ertragen zu tun.

Der Liebende lässt dem Geliebten Zeit zu wachsen. Er verzichtet darauf, den andern so zu formen, wie er ihn gerne haben möchte. Er nimmt ihn so, wie er ist. Er nimmt ihn an, er duldet ihn mit all seinen Stärken und Schwächen, mit seinen Fehlern und Grenzen. Der Ungeduldige hat bestimmte Vorstellungen vom andern. Und er meint, der andere müsse seine Vorstellungen sofort erfüllen. Wenn er ihn auf Fehler anspricht, dann müsse er sie möglichst bald ablegen. Doch diese Ungeduld tötet die Liebe.

Es ist natürlich, dass wir Wünsche an den Geliebten haben. Wir hoffen für ihn, dass er weiter wächst, dass er manche Fehler ablegen kann. Aber wir lassen ihm Zeit. Wir warten. Der Ungeduldige meint, der andere könne sich sofort ändern.

Hinter der Ungeduld steckt ein enges Menschenbild: Der Mensch muss funktionieren. Man weigert sich, ihn in seiner Einmaligkeit anzunehmen. Auch Fehler und Schwächen können ja etwas Liebenswürdiges sein. Aber es hängt an meiner Sicht. Wenn ich geduldig den andern sein lasse, wie er ist, dann werde ich ihn in seiner Einmaligkeit immer mehr lieb gewinnen. Wenn das Herz sich mit dem Herzen des andern verbindet, dann stören die Begrenztheiten nicht, dann übt man sich in Geduld, dann freut man sich am Sein des andern. Wer auch mit sich Geduld hat, der allein ist fähig, den andern zu lassen und zu lieben, wie er ist.

Luft zum Atmen

In unserer Liebe zu einem Menschen erleben wir auf der einen Seite das Faszinierende und uns Verzaubernde der Liebe. Wir blühen auf, wenn ein Mensch uns liebt und wenn wir in uns eine tiefe Liebe zu ihm wahrnehmen. Auf der anderen Seite spüren wir auch die Brüchigkeit dieser Liebe. Unsere Liebe ist vermischt mit Besitzansprüchen, mit Eifersucht und Missverständnissen. Die Liebe kann uns zwischen den Fingern zerrinnen. Auf einmal ist sie nicht mehr da. Wir versuchen uns, an den andern zu klammern, weil wir ihn nicht verlieren möchten. Wir erwarten vom andern absoluten Halt, absolute Geborgenheit und absolute Liebe. Doch etwas Absolutes kann uns kein Mensch schenken. So überfordern wir den andern mit unseren Erwartungen. Viele Ehekrisen haben in diesen übertriebenen Erwartungen ihre Ursache. Aber wenn uns die Dimension der Transzendenz fehlt, dann ist es nur zu verständlich, dass wir das Absolute von etwas Begrenztem erwarten, dass wir von einem Menschen etwas Göttliches erhoffen.

Wenn der Mensch uns nicht alles geben muss, was unsere Sehnsucht zu stillen vermag, sondern wenn er uns auf eine große Liebe verweist, auf das, was allein Gott zu geben vermag, dann kann auch die Beziehung zum Menschen gelingen. Dann können wir die Liebe genießen, die uns der andere schenkt. Aber wir müssen uns dieser Liebe nicht ständig vergewissern. Wir müssen sie nicht aus dem anderen herauspressen. Wir freuen uns darüber, genießen sie und wissen zugleich, dass sie nicht unendlich ist. Das muss sie auch gar nicht sein. Sie verweist uns auf eine unendliche und unbegrenzte und bedingungslose Liebe. Wir machen dem andern dann keine Vorwürfe, dass seine Liebe endlich ist, sondern wir sind dankbar für die Liebe, die er uns erweist und die wir zu ihm spüren.

Sehnsuchtsspannung

Es gibt keine Liebe ohne Sehnsucht. Der Psychologe Peter Schellenbaum hat die enge Verbindung dieser beiden Emotionen beschrieben. Er meint, dass wir Liebe und Sehnsucht an der gleichen Körperstelle lokalisieren, »nämlich mitten in der Brust auf der Höhe des Herzens, da, wo die an Liebe und Sehnsucht Leidenden ihre Hände hinpressen«. Gerade die Sehnsuchtsspannung macht die Liebe wertvoll und erfüllt sie mit einer unergründlichen Tiefe. Größtes Liebesglück und unsägliches Sehnsuchtsleid liegen eng nebeneinander. Die Liebe weist immer schon über sich hinaus. In ihr sehnen wir uns nach absoluter und bedingungsloser, letztlich nach göttlicher Liebe.

Mit der eigenen Sehnsucht in Berührung zu kommen heißt nicht, vor der Realität unseres Lebens davonzulaufen. Im Gegenteil, wenn wir in uns spüren, dass in uns eine Sehnsucht nach Gott ist, nach etwas Weltjenseitigem, nach einem Ort, der diese Welt übersteigt, dann können wir uns aussöhnen mit der oft so banalen Wirklichkeit unseres Lebens. Dann sind wir nicht enttäuscht, wenn der von uns geliebte Mensch unsere tiefste Sehnsucht nach absoluter Liebe nicht erfüllen kann. Dann überfordern wir unsern Ehepartner nicht mit Erwartungen, die eigentlich kein Mensch erfüllen können.

Ich erlebe immer wieder, wie Menschen von dem, den sie lieben, erwarten, dass er sie heile, dass er sie erlöse und befreie und ihrem Leben letzten Sinn schenke. Aber das sind zwischen Menschen unerfüllbare Erwartungen. Die Sehnsucht relativiert unsere Erwartungen an Menschen, damit wir fähig werden, menschlich miteinander umzugehen, den Menschen so zu lassen, wie er ist, anstatt ihn ständig mit Gott zu vergleichen, dem er nie gerecht werden kann.

Ganz Mensch

Trau der Liebe, die Menschen in dir hervorlocken. Trau der Liebe, die du zu einem Freund oder einer Freundin spürst. In jeder Liebe ist etwas Lauteres und Reines. In jeder menschlichen Liebe, auch wenn sie noch so festhalten möchte, ist etwas von der reinen Gottesliebe. Lass dich in deinem Herzen von der Liebe berühren, die dir entgegenkommt oder die in dir aufflammt. Gott selbst berührt dich dabei und öffnet dich für das Geheimnis einer klaren und lauteren Liebe, die allen und allem gilt. In dieser Liebe bist du in Gott, und in dieser Liebe wirst du erst ganz zum Menschen, so wie er dich gedacht hat.

Die Liebe ist die entscheidende Wirklichkeit unseres Lebens. In deiner Liebe, auch wenn sie noch so vermischt ist mit Besitzansprüchen und Habenwollen, leuchtet immer auch etwas auf von der spirituellen Liebe, die deine tiefste Sehnsucht nach Liebe erfüllt. Traue deiner Liebe, aber gehe deiner Liebe auch auf den Grund, damit du dort Gott findest als ihren eigentlichen Quell. Und folge deiner Liebe bis zum Ende. Dann wird sie dich zu Gott führen, der nicht nur liebt wie wir, sondern der die Liebe selber ist.

Lösung

Die Wärme der Liebe löst alle Verkrampfung. Wer erfährt, dass er gerade dort, wo er sich festklammert, angenommen und gestreichelt wird, dem löst sich alle Enge.

Klammere dich also nicht an deiner Angst fest, sondern geh durch sie hindurch. Dann wirst du auf dem Grund deines Herzens jene zärtliche Liebe spüren, die dich mit deiner Angst annimmt und alles Bedrängende und Bedrohliche deiner Angst auflöst.

Auch deine Angst darf sein.

Aber sie ist berührt von Gottes Liebe, die sie verwandelt und auflöst.

Verzaubert

In jedem von uns steckt die Sehnsucht nach Liebe. Bring die Menschen in deiner Umgebung mit ihrer Liebe in Berührung.

Wenn du etwa am Valentinstag einem anderen Blumen schenkst, dann sagst du ihm damit auch: »Ich sehe in dir deine Sehnsucht nach Liebe. Ich wünsche dir, dass du an die Liebe glaubst, die in dir ist. Trau dich, zu lieben und geliebt zu werden. Lass dich von der Liebe verzaubern, lass dich von ihr hineinführen in das Geheimnis einer tieferen Liebe, die deine wahre Sehnsucht erfüllt.«

Es geht darum, Liebe zu lernen. Das tut uns allen Not: eine Liebe zu lernen, die nicht mehr vermischt ist mit Besitzansprüchen, eine Liebe, die strömt und die Menschen verzaubert, die einen neuen Geschmack des Lebens hinterlässt.

Ich hoffe, dass die Liebe nicht erkaltet, sondern überströmt.

Ich hoffe auf eine Liebe, die den Tod besiegt.

Spuren

Was könnten wir als Zeichen unserer Liebe hinterlassen? Diese Frage ist nicht moralisch gemeint. Aber die Ahnung, dass wir ja von Gott kommen und wieder zu ihm zurückkehren, könnte uns dazu befreien, hier in dieser Welt Spuren einer Liebe zu hinterlassen, die sich verschenkt, einer Liebe, die sich herabbeugt zu den Füßen unserer Brüder und Schwestern, einer Liebe, die sie an ihrer verwundbaren Stelle berührt, um sie dort von Gottes Liebe heilen und verwandeln zu lassen.

Wenn wir überlegen, was wir als Vermächtnis den Menschen hinterlassen möchten, was wir mit unserem Leben eigentlich ausdrücken möchten, dann werden wir nicht mehr um unsere Krankheit und unsere Einsamkeit kreisen, dann wird uns das Geheimnis unseres Lebens aufgehen, dass wir endliche Menschen sind, die auf ihrem kurzen Weg in dieser Welt Spuren einer Liebe hinterlassen möchten, die den Menschen nach uns den Weg in neue Dimensionen weisen, in die Dimension der göttlichen Liebe, die schon unser eigenes Leben verwandelt und ihm einen unendlichen Sinn schenkt.

Lass Verwandlung geschehen

Aus Krisen wird Reife und Wachstum

Leben ist Risiko

»Ein Schiff, das im Hafen liegt, ist sicher. Aber dafür sind Schiffe nicht gebaut.« (William Shed)

Das Bedürfnis nach Sicherheit ist für den Psychologen Abraham Maslow eine Hauptmotivation für das Streben des Menschen. Er sucht einen sicheren Arbeitsplatz. Er möchte sich absichern gegenüber Gefahren. Er spricht mit seiner Versicherung, um gegen möglichst alle Risiken gefeit zu sein. Die Versicherungen verdienen ein Vermögen mit dem Sicherheitsdenken der Leute. Sicherheit gibt Ruhe. Doch wir sprechen im Deutschen auch davon, dass etwas »todsicher« ist. Darin liegt die Erfahrung, dass übertriebene Sicherheit auch den Tod bringen kann, dass sie das Leben abtötet. Vor lauter Sicherheit kann nichts mehr strömen, wachsen, sich entwickeln. Wenn alles Risiko ausgeschaltet wird, dann kann nichts Neues mehr entstehen. Wenn ich nur noch Sicherheit will, dann muss ich daheim bleiben. Denn der Straßenverkehr ist ein Sicherheitsrisiko. Am Arbeitsplatz kann ein Unfall geschehen. Aber auch daheim bin ich nicht sicher. Denn auch da kann mich ein Schlaganfall oder ein Herzinfarkt heimsuchen. Es gibt keine absolute Sicherheit. Wie die Schiffe ist auch der Mensch nicht dazu geschaffen, sicher im Hafen zu liegen. Er muss die Weite des Lebens erkunden, das Leben wagen. Sonst wird es stickig. Wer leben will, weiß, wie gefährlich das Leben ist, nicht nur wegen der Gefahren von außen. Wer sich auf eine Beziehung einlässt, ist sich nie sicher, ob sie hält. Wer den eigenen Weg der Selbstwerdung geht, erfährt, auf welch ein gefährliches Abenteuer er sich da eingelassen hat. Er muss durch die Abgründe seiner Seele hindurch, durch Dunkelheit und Verlassenheit, durch Einsamkeit und Bedrängnisse.

Auch die Kirchenväter vergleichen unser Leben mit der Schifffahrt: Wir fahren durch Wellen und Wogen. Wir werden in Stürme geraten. Aber – so sagt es uns die Bibel – wir sind nicht allein in unserem Boot. Da ist Jesus, der hinten im Boot liegt und schläft. Wir müssen ihn nur aufwecken. Wenn er in uns aufsteht, dann gebietet er dem Sturm und in uns und um uns herum wird es still. (Mk 4,35–41)

Lebenslabyrinth

Unser Leben ist nie eine Einbahnstraße. Und auf dem Weg unseres Lebens, dem inneren und äußeren, gibt es nicht nur die geradlinigen Entwicklungen. Oft müssen wir Umwege gehen. Nicht selten fühlen wir uns auf den Ausgangspunkt zurückgeworfen, so als sei alles umsonst gewesen. Es scheint, wir müssten wieder von vorne anfangen. Die Labyrinthe in den mittelalterlichen Kirchen haben diese Erfahrung anschaulich dargestellt und sie als Symbol für unseren Lebensweg erfahrbar gemacht. Diese Labyrinthe zeigen mir, wenn ich sie achtsam gehe, etwas über mich selbst: Es gibt Wendepunkte, bei denen ich nur scheinbar wieder zum Ausgangspunkt zurückkehre. In Wirklichkeit ist es ein spiralförmiges Gehen. Ich werde durch Umkehr an einen Punkt geführt, von dem aus ich eine Wendung erfahre. Jetzt kann ich mit neuer Kraft zur Mitte, dem eigentlichen Ziel weitergehen.

Sich wenden, dem in eingefahrenen Gleisen verlaufenen Leben eine Wendung geben – das gibt eine neue Perspektive. Es wandelt den Menschen. Der scheinbare Irrweg wird so Bedingung für eine wirkliche Verwandlung. Scheinbare Rückschläge haben eine positive Wirkung. Sie zeigen sich als heilsame Erfahrung.

Etwas riskieren

Von dem dänischen Philosophen Kierkegaard stammt ein Satz, der alle Liebhaber routinierter Gewohnheiten erschrecken müsste: »Nichts riskieren heißt, seine Seele aufs Spiel setzen.«

Dass der, der nichts riskiert, wenig Neues zustande bringt, ist allen klar. Doch dass man ohne Risiko seine Seele aufs Spiel setzt, das ist eine erstaunliche Aussage. Die Seele kann nach diesem psychologisch sehr scharfsinnigen und radikalen Satz Kierkegaards nur leben, wenn sie etwas riskiert.

Riskieren meint, etwas beginnen, dessen Ausgang ungewiss ist. Im Deutschen sagen wir dafür: etwas wagen. Wagnis enthält ein ähnliches Bild: Ich lege etwas auf die Waage, ohne zu wissen, wie sie ausschlägt. So ein Risiko gehe ich in jeder Begegnung ein. Ich lege mich selbst auf die Waagschale, ohne zu wissen, wie das, was ich einsetze, beim andern ankommt. Ich wage mich aus mir heraus. Oder wenn ich mich für etwas entscheide, weiß ich nie im Vorhinein, wie es ausgeht. Doch wer sich nie entscheidet, wer sich immer vorher absichern möchte, der wird das Leben verpassen.

Kierkegaard hat Recht: Wer das Leben verpasst oder verweigert, dessen Seele erstarrt. Statt sich aufs Spiel zu setzen, setzt er seine Seele aufs Spiel. Sie verkümmert und verdorrt.

Verwandle deine Wunden

Jeder ist in seiner Lebensgeschichte verletzt worden. Meine Erfahrung ist aber: Heute kreisen viele Menschen ständig um ihre Wunden. Es gibt eine Sucht, alle Verletzungen der Kindheit zu entdecken, um sie dann aufarbeiten zu können. Dahinter steckt der Gedanke der Perfektion und der Leistung. Wir meinen, wir müssten alle Wunden abarbeiten, wir müssten alles Krankmachende in uns ausradieren. Doch dieser Weg führt in die Sackgasse. Der wahre Weg besteht darin, dass wir uns aussöhnen mit unseren Verletzungen. Für Hildegard von Bingen besteht die Kunst menschlicher Selbstwerdung darin, dass unsere Wunden zu Perlen verwandelt werden. Wie kann das geschehen?

Die Verwandlung meiner Wunden zu Perlen besteht für mich einmal darin, dass ich diese Wunden als etwas Kostbares verstehe. Dort, wo ich verwundet bin, bin ich auch sensibel für die Menschen. Ich verstehe sie besser. Und noch mehr: Wo ich verwundet bin, komme ich in Berührung mit dem eigenen Herzen, mit meinem wahren Wesen. Ich gebe die Illusion auf, als ob ich ganz und gar stark und gesund und perfekt wäre. Ich nehme meine Brüchigkeit wahr. Das hält mich lebendig und macht mich menschlicher, barmherziger, milder. Dort, wo ich verletzt bin, liegt auch mein Schatz. Dort komme ich in Berührung mit meinem wahren Selbst und mit meiner Berufung. Dort entdecke ich auch meine Fähigkeiten. Nur der verwundete Arzt vermag zu heilen – das wussten schon die Griechen.

Die »Verwandlung der Wunden zu Perlen« meint für mich aber noch etwas anderes. Für mich sind die Wunden der eigentliche Ort der Gotteserfahrung. Wie ist das zu verstehen? Ich nehme das Beispiel meiner Angst. Wenn ich gegen die Angst kämpfe, werde ich immer von ihr verfolgt werden. Wenn ich vor Gott mit meiner Angst spreche und sie zu lasse, wenn ich sie befrage, wovor ich genau Angst habe, was der eigentliche Kern meiner Angst ist, dann steige ich immer tiefer in meine Angst hinein. Und auf dem Grund meiner Angst kann ich einen tiefen inneren Frieden erleben. Auf dem Grund meiner Angst kann ich Gott erfahren als den, der mich mit meiner Angst annimmt. Ich bin mit meiner Angst in seiner guter Hand. Oder wenn ich meine Empfindlichkeit nehme: Ich gebe sie zu.

Trotz meines spirituellen Weges bin ich immer noch empfindlich gegenüber Kritik, Ablehnung, Übersehenwerden. Wenn ich mich damit aussöhne, dann führt mich meine Empfindlichkeit immer tiefer in mein verwundetes Herz hinein, das sich nach Liebe, nach bedingungslosem Angenommenwerden sehnt. Dann erahne ich auf dem Grund meines wunden Herzens jemanden, der seine väterliche und mütterliche Hand über mich hält, der mich zärtlich berührt und mir sagt: »Ich bin bei dir. Du musst gar nicht so stark sein, wie du es gerne sein möchtest. Es ist gut so, wie du bist. Gerade als dieser Mensch bist du mir wertvoll. Gerade so liebe ich dich.«

Kraft aus Krisen

Wer meint, er könne alles, was er wolle, der irrt sich. Er muss erst seiner eigenen Grenze begegnen. Wer meint, er könne sich selbst mit seinem Willen in den Griff bekommen, der muss sich erst seinem Schatten stellen, um zu sehen, dass es in seinem Inneren Bereiche gibt, die sich nicht in den Griff nehmen lassen. Sie kann man nur annehmen und sich mit ihnen aussöhnen. Sie sind so mächtig, dass sie sich melden werden, ob wir wollen oder nicht. Und je stärker wir diese Bereiche unterdrücken, desto ungebändigter werden sie gegen uns aufstehen und unser bisher scheinbar so fest gefügtes Lebensgebäude über den Haufen werfen. Das Unbewusste lässt sich nicht durch Aktivismus aus der Welt schaffen. Es lässt sich auch nicht wegrationalisieren. Nur wenn wir den Mut haben, hinabzusteigen in das eigene Unbewusste, in den Schatten unserer Seele, nur dann werden wir das Unbewusste als Lebensquelle entdecken, als Quelle innerer Kraft.

Durchkreuzt

Krise ist immer ein Durchkreuztwerden. Unser Leben geht nicht einfach so glatt weiter. Etwas kommt uns in die Quere, von außen oder von innen. Was uns durchkreuzt, das bricht uns auf. Aber es kann uns auch zerbrechen. Kreuz ist nicht nur ein Bild für die Krise, sondern auch für das Scheitern. Scheitern und Krise sind nicht identisch. Die Krise ist ein schmerzlicher Prozess, an dessen Ende neues Leben steht. Scheitern heißt, dass etwas zerbrochen ist. Aber dennoch haben Krise und Scheitern miteinander zu tun. Das deutsche Wort »Scheitern« kommt von »Scheit« und meint spalten, scheiden. Und Krise heißt auch Scheiden, Entscheiden. Im Abschied steckt das Wort »scheiden«. Wenn ich scheitere, muss ich Abschied nehmen von meinem alten Lebenskonzept. Mein Lebensentwurf ist gescheitert, aber nicht ich als Person. Ich kann durch das Scheitern aufgebrochen werden zu neuem Leben, zu meinem wahren Selbst.

In jeder Krise muss etwas in uns sterben. Da sterben die Illusionen, die wir uns von unserem Leben gemacht haben, die Illusion, dass wir unser Leben selbst im Griff haben, die Illusion, dass wir durch ein angepasstes Leben allen Schwierigkeiten aus dem Weg gehen, die Illusion, dass uns nichts passieren kann, wenn wir nur nach Gottes Geboten leben. In der Krise stirbt immer ein Stück Ego. Manche Mystiker meinen, wir müssten unser Ego vernichten, damit Gott in uns Raum bekommt. Doch es ist gefährlich, wenn jemand sein Ego zunichte macht. Das Leben selbst nimmt uns die Illusionen unseres Ego. Es bricht uns durch die Krisen und durch das Scheitern auf für Gott, aber auch für unser wahres Selbst, für das unverfälschte und einmalige Bild, das Gott sich von jedem von uns gemacht hat.

Standhalten

Aus den Krisen soll Kraft erwachsen. Was ist Kraft? Das altgermanische Wort »kraft« meint eigentlich »Geschicklichkeit, Fertigkeit, Kunst, Handwerk«. Es gehört zu einer indogermanischen Wortgruppe, die »drehen, winden, sich zusammenziehen« bedeutet. Für das Wort Kraft war die Vorstellung des Anspannens der Muskeln bestimmend. Aus der Krise kann eine neue Geschicklichkeit erwachsen. Ich kann lernen, mit meinem Leben auf neue Weise umzugehen. Es geht darum, die Kunst des Lebens zu lernen. Aber dazu ist es notwendig, dass ich meine Muskeln anspanne, nicht nur die körperlichen Muskeln, sondern die Kräfte meiner Seele. Sonst könnte die Krise auch ins Verderben führen, zum tödlichen Ausgang. Ich kann die Krise zwar nicht aus eigener Kraft lösen. Aber ich muss auch selbst etwas tun, damit aus der Krise Kraft erwächst. Ich muss durch die Krise hindurchgehen. Ich muss standhalten, anstatt zu flüchten. Und manchmal muss ich auch kämpfen, damit ich in der Krise nicht untergehe.

Alles ist Geschenk

Wir können uns nicht einrichten auf dem Erreichten, weder auf dem Erfolg noch auf dem Besitz, noch auf unserer Familie, noch auf unserer Gesundheit.

Alles ist uns geschenkt.

Alles kann uns genommen werden.

Jede Krise fordert uns heraus, unser Festklammern an den äußeren Bedingungen aufzugeben, alles, was wir haben, loszulassen. Wenn wir uns mit unserem Besitz oder unserer Gesundheit identifizieren, geben wir uns selbst auf, wenn wir unseren Besitz oder unsere Gesundheit verlieren. Dann sind wir nichts mehr. Wir müssen uns schon vor der Krise einüben in die innere Freiheit. Dann wird uns die Krise nicht vernichten, sondern uns an den Ort führen, an dem wir wahrhaft daheim sind, an dem wir ganz wir selber sind, an dem uns niemand verletzen kann, an dem uns nichts mehr schaden kann.

Johannes Chrysostomus sagt einmal in einer Predigt: Nichts kann dich verletzen außer du selbst. Wenn du in Gott deinen Grund hast, dann kann kommen, was will. Es wird deinem wahren Selbst nicht schaden. Chrysostomus bringt als Begründung das Gleichnis vom Haus, das auf dem Felsen gebaut wurde. Da können die Stürme an ihm rütteln oder die Wassermassen es überschwemmen – sie können das Haus nicht zu Fall bringen.

Weg zur Tiefe

Viele Menschen leiden heute unter Depression. Und viele sehen schon in depressiven Gefühlen eine Krankheit, die sie bekämpfen und möglichst schnell loswerden wollen. Doch damit verbauen sie sich den Weg zu ihrer Tiefe. Wir können es uns nicht aussuchen, ob wir depressiv veranlagt sind oder nicht. Aber wenn ich depressiv bin, dann geht selbst mein Weg zu Gott nicht an meiner Depression vorbei, sondern durch sie hindurch. Die Depression nimmt mir die Illusion meines Ego, dass ich immer guter Laune bin, dass ich alles positiv sehen kann, dass ich mein Leben im Griff habe. Es gibt eine wunde Stelle, eine Achillesferse in mir. Ich muss sie nicht bedecken und abschirmen. Sie ist gerade das Einfallstor Gottes. Gerade dort kann ich ihn erfahren. Und wenn ich ihn erfahre, wenn ich mit meinen Wunden mit ihm eins werde, dann ist diese Einheitserfahrung zugleich Erfahrung von Heil. Denn Einssein ist ja Ganzsein, Heilsein. Die eigentliche Heilung des Menschen besteht daher für mich in dieser tieferen Erfahrung. Diese Erfahrung können wir nicht erzwingen. Wir können uns aber dafür bereiten. Aber Gott zeigt sich immer wieder überraschend. Wir sollen nur damit rechnen und dürfen darauf vertrauen, dass er sich gerade uns zeigt, auch wenn wir noch so sehr an uns und unserer Situation leiden. Wenn wir Gott erfahren, sind wir eins. Aber im nächsten Augenblick werden wir wieder seine Ferne erleben. Dann fühlen wir uns wieder zerrissen. In dieser Spannung müssen wir leben: zwischen Gottesnähe und Gottesferne, zwischen Heilsein und Kranksein, zwischen Licht und Dunkel, zwischen Kraft und Ohnmacht, zwischen Liebe und Leere.

Aus Dunkel ins Licht

Spiritualität führt immer in die Weite und Freiheit. Angst und Enge, autoritäres Pochen auf Glaubenswahrheiten und unklare Machtausübung sind immer Zeichen mangelnder Spiritualität. Spiritualität ist Erfahrung. Sie will die Menschen zur Erfahrung einer inneren Freiheit führen: Wir sind in dieser Welt, aber nicht von ihr. Niemand hat Macht über uns, weil wir einen göttlichen Kern haben. Der Mensch wird erst Mensch, wenn göttliches Leben in ihm strömt. Die zentrale Botschaft des Christentums heißt: Es gibt keinen Tod, in dem nicht schon der Anfang neuen Lebens ist. Es gibt kein Kreuz, dem nicht die Auferstehung folgt. Es gibt keine Dunkelheit, in der nicht schon das Osterlicht aufleuchtet, kein Leid, in dem wir allein gelassen sind.

Die Botschaft von Tod und Auferstehung ist aber auch Appell, den Aufstand zu wagen gegen alle Hindernisse, die heute in unserer Welt das Leben blockieren, gegen ungerechte Strukturen, gegen die vielen Kreuze, die heute täglich aufgerichtet werden. Tod und Auferstehung Jesu befreien uns von Bitterkeit und Resignation. Sie sind das Hoffnungszeichen schlechthin. Nach C. G. Jung hängt das Gelingen unseres Lebens davon ab, wie wir mit dem Leid umgehen. Nicht masochistisches Kreisen um das Leid, sondern Durchgang durch das Leid führt zum Leben.

Was uns Not tut: jetzt schon aufzustehen aus dem Dunkel in das Licht, aus der Enge in die Weite, aus der Starre in die Lebendigkeit, aus dem Grab in das aufrechte Stehen und Gehen. Auferstehung geschieht hier und jetzt für den Einzelnen, aber auch für die Gemeinschaft, wenn Menschen aufstehen gegen ungerechte Strukturen, wenn Menschen den Aufstand wagen gegen alle Hindernisse des Lebens.

Besitz

Immer wieder in unserem Leben geht es um das Loslassen, Loslassen von Sicherheiten, von Besitz. Nicht nur von materiellem Besitz. Immer wieder sind wir in unserem Leben herausgefordert, uns von manch lieben Vorstellungen zu lösen, um uns immer wieder neu auf neue Wege führen zu lassen. Letztlich geht es darum, uns selbst loszulassen. Wir stehen uns selbst oft genug im Weg. Spirituelle Reifung kann nur geschehen, wenn wir uns loslassen, wenn wir es aufgeben, uns festzukrallen an unserer Gesundheit, an unserer Kraft, an unserer Position.

Vielleicht geht es uns wie dem Landpfarrer bei Bernanos, der kurz vor seinem Tod betet: »Du hast mich ganz und gar entblößt, wie nur du zu entblößen vermagst.« Aber darin erfährt er auch Freiheit. Darin erfährt er, dass er sich ganz und gar diesem Gott zur Verfügung stellen darf und gerade dadurch fruchtbar wird für diese Welt.

Alleinsein

Allein und ehelos zu leben kann eine Quelle von Lebendigkeit und Fruchtbarkeit sein kann. Die geistliche Tradition hat Ehelosigkeit als Überlassen beschreiben. Ich überlasse mich Gott, damit Er mich in Dienst nimmt, damit Er das Bild in mir ausprägt, das Er sich von mir gemacht hat, damit Er sich durch mich auf einzigartige Weise in dieser Welt ausdrücken und Gestalt werden kann. Und ich überlasse mich den Menschen. Ehelosigkeit im Dienst der Gemeinschaft hat das Ziel, Gemeinschaft zu stiften, ein Gespür für alle Menschen zu entwickeln. Und sie hat mit Freiheit zu tun. *Vacare deo* nennen es die Alten: frei sein für Gott. Aber diese Freiheit kann auch nur erfüllt gelebt werden, wenn ich meine tiefste Heimat in Gott finde, wenn ich mein Herz in ihm festmache. Und dazu ist eben eine gesunde Lebenskultur wichtig.

Wenn ich Ehelosigkeit so lebe, kann sie eine eigene Quelle von Lebendigkeit und Fruchtbarkeit werden. Es gibt eine Form von Lebendigkeit, die in der Ehelosigkeit besser gelebt werden kann als in der Ehe. Aber wir werden diese Lebendigkeit auch nur dann in uns spüren, wenn wir die Sexualität als Quelle unserer Spiritualität entdecken und sie in alle Lebensvollzüge hinein integrieren.

Das Altwerden annehmen

Der Prozess des Alterns wird besser gelingen, wenn ich anschaue, was sich bei diesem Prozess in meiner Seele tut. Sich seiner eigenen Wahrheit zu stellen kann weh tun. Es ist nur zu leicht verständlich, dass viele dieser schonungslosen Selbsterkenntnis im Alter ausweichen. C. G. Jung nennt einige Fluchtmöglichkeiten alter Menschen vor sich selbst. Da ist einmal das krampfhafte Festhalten am Jungsein. Man will sich dem Alter nicht stellen, man will sich jung halten, man joggt und treibt Sport und ahmt in Kleidung und Auftreten die Jungen nach. Man will sich mit Gewalt jung halten.

C. G. Jung meint, unsere biologische Lebenslinie sei ein Halbkreis. Ab der Lebensmitte neigt sie sich wieder nach unten. Wenn ich mich damit aussöhne, wird meine psychologische Reifungslinie nach oben gehen. Doch wenn ich mich krampfhaft jung halte und gegen meine Biologie lebe, wird meine psychologische Linie abknicken. Jung nennt das Festhalten am Jungsein eine Perversion. »Ein Junger, der nicht kämpft und siegt, hat das Beste seiner Jugend verpasst, und ein Alter, welcher auf das Geheimnis der Bäche, die von Gipfeln in Täler rauschen, nicht zu lauschen versteht, ist sinnlos, eine geistige Mumie, welche nichts ist als erstarrte Vergangenheit. Er steht abseits von seinem Leben, maschinengleich sich wiederholend bis zur äußersten Abgedroschenheit. Was für eine Kultur, die solcher Schattengestalten bedarf!«

Der Weg geht von außen nach innen. Wir müssen Altwerden annehmen als Chance, in uns neue Welten zu entdecken.

Nicht ausweichen

Das Altern ist Vorbereitung auf den Tod. Wer dem Tod ausweicht, weicht der wichtigsten Aufgabe seines Lebens aus. C. G. Jung beobachtet, dass es die gleichen Menschen sind, die in der Jugend Angst haben vor dem Leben und im Alter Angst vor dem Tod. Er schreibt: »Ich habe die Erfahrung gemacht, dass gerade jene jungen Leute, welche das Leben fürchten, später ebenso sehr an Todesangst leiden. Sind sie jung, so sagt man, sie hätten infantile Widerstände gegen die normalen Forderungen des Lebens. Sind sie alt, so müsste man eigentlich dasselbe sagen, nämlich, dass sie ebenfalls Angst vor einer normalen Forderung des Lebens haben.«

Religion ist für Jung vor allem eine Schule für die zweite Lebenshälfte und ein System »der Vorbereitung des Todes«. Und er meint, dass es der menschlichen Seele entsprechen würde, im Tod die Sinnerfüllung des Lebens zu sehen. Wer sich von dieser Grundtatsache seiner Seele trennt, »hat sich psychologisch isoliert und steht im Gegensatz zu seinem eigenen allgemein- menschlichen Wesen«. Und Jung meint, dass diese Trennung von der Wahrheit der eigenen Seele die Ursache aller Neurosen ist. Der Mensch bleibt nur gesund, wenn er sich der Wahrheit seines Lebens und seiner Seele stellt. Wer sich gegen seine Seele stellt, gerät in einen Zwiespalt, der krank macht. »Denn«, so meint Jung, »es ist ebenso neurotisch, sich nicht auf den Tod als ein Ziel einzustellen, wie in der Jugend die Phantasien zu verdrängen, welche sich mit der Zukunft beschäftigen.« Jung sieht in der Rastlosigkeit vieler Alter ein Zeichen der neurotischen Flucht vor der eigenen Wahrheit. Rastlosigkeit aber erzeugt immer Sinnlosigkeit. In der Rastlosigkeit flieht man vor der Sinnlosigkeit des Lebens. Überwinden kann man sie nur, wenn man sich dem eigenen Tod stellt.

Ars moriendi

Sich den Tod vor Augen halten befreit von der Angst. So wurde ein Altvater einmal gefragt, warum er nie Angst habe. Und er antwortete, weil er sich täglich den Tod vor Augen halte. Die Einübung ins Sterben ist wohl die entscheidendste geistliche Aufgabe des Alters. Es gibt heute viele Bücher, die von Nahtodeserlebnissen berichten. Menschen, die bereits klinisch tot waren, erzählen ihre Erfahrungen. Sie stimmen darin überein, dass sie keine Angst mehr vor dem Tod haben und dass sie nun viel bewusster und intensiver leben. Sie spüren, was es für ein Geheimnis ist, zu leben. Sie erfahren jeden Tag neu das Geschenk des Lebens. So bekommt ihr Leben eine andere Qualität. Angesichts des Todes zu leben könnte uns eine neue Lebensqualität schenken, eine neue Wachsamkeit und Achtsamkeit des Herzens.

Heute haben die Menschen aber nicht nur vor dem Tod Angst und vor dem, was nach dem Tod geschieht, sondern noch viel mehr vor dem Zustand der Hilflosigkeit und Pflegebedürftigkeit. Es geht gegen unsere innere Ehre, wenn wir ständig auf die Hilfe anderer angewiesen sind, wenn wir im Geist verwirrt sind und nicht mehr für voll genommen werden. Ich stelle mir immer wieder einmal vor, wie das denn bei mir wäre, wenn ich verwirrt wäre, nur noch ein Pflegefall, wenn meine Intelligenz weg wäre, wenn ich nicht mehr denken, schreiben, sprechen könnte. Es fällt mir nicht ganz leicht, das auszudenken. Aber wenn ich mich frage: Was trägt dich dann, was macht deinen Wert aus? Dann spüre ich: Es gibt in mir eine unantastbare Würde, die mir niemand nehmen kann, auch die Krankheit nicht, auch nicht das Verwirrtsein. Die Krankheit wäre dann wirklich Einübung in das Vertrauen. Ich kann nichts mehr festhalten, alles muss ich loslassen, auch noch meinen Verstand. Ich kann mich nur noch in Seine Hände fallen lassen und vertrauen, dass es so gut ist. Eine Tante von mir, die als Lehrerin ins Kloster eingetreten ist und immer sehr viel geredet hat, konnte die letzten fünf Jahre kein Wort mehr sprechen. Man spürte, wie sie sich immer mehr zurücknahm, wie sie gerade das ihr kostbare Sprechen loslassen musste, um in eine tiefere Dimension zu gelangen. Im Schweigen wurde ihr Gesicht auf einmal leuchtender und durchsichtiger.

Annehmen und loslassen

Das Leiden ist ein wesentlicher Bestandteil des menschlichen Lebens. Wir können ihm nicht ausweichen. Unser Leben gelingt nur, wenn wir einen Weg finden, das unausweichliche Leiden zu tragen. Darauf hat C. G. Jung hingewiesen: Wer dem Leiden ausweicht, wird oft genug neurotisch. Neurose nennt Jung den Ersatz für das notwendige Leiden an der menschlichen Existenz. Wer seine Begrenztheit nicht annimmt, wer seine Krankheit, sein ihm auferlegtes Leid nicht akzeptiert, der gerät in die Neurose. Und die Neurose ist erst dann geheilt, wenn sie den Menschen gezwungen hat, seine falsche Einstellung zum Leben aufzugeben. »Nicht sie (die Neurose) wird geheilt, sondern sie heilt uns.« Wir müssen uns mit unserer Krankheit aussöhnen, dann liegt darin »das wahre Gold, das wir sonst nirgends gefunden haben«. Jung sieht gerade im Kreuz Jesu Christi einen guten Weg, uns mit unserem Leiden auszusöhnen. Professor Uhsadel, ein evangelischer Theologe, berichtet von einem Gespräch mit C. G. Jung. Jung weist auf das Kreuz in seinem Zimmer und sagt: »Sehen Sie, dies ist doch das Entscheidende … Der Mensch muss mit dem Problem des Leidens fertig werden. Der östliche Mensch will sich des Leidens entledigen, indem er das Leiden abstreift. Der abendländische Mensch versucht, das Leiden durch Drogen zu unterdrücken. Aber das Leiden muss überwunden werden, und überwunden wird es nur, indem man es trägt. Das lernen wir allein von ihm.« Damit wies er auf den Gekreuzigten. Das Kreuz annehmen, das ist nach den Worten Jesu wahres Leben. Das heißt auch: Sich damit aussöhnen, was mich – gerade im Alter – durchkreuzt, führt immer mehr in das Geheimnis Gottes hinein.

Einübung ins Sterben und Annahme des Leidens – die wichtigsten Aufgaben des Alters – verlangen, dass der Mensch sich aussöhnt mit seiner Krankheit, mit seinem Leiden, mit seinem Tod und dass er seine Vergangenheit loslässt, dass er seinen Beruf, seine Beziehungen, seine Kraft, seine Gesundheit loslässt und sich ganz und gar Gott überlässt. Annehmen und Loslassen, diese beiden Grundvollzüge jeder Menschwerdung, sind gerade im Alter auf neue und entscheidende Weise gefragt.

Lass Verwandlung geschehen

Wir suchen uns oft spirituelle Wege aus, auf denen wir die innere Verwandlung erfahren möchten. Doch oft genug bleiben wir bei unserer Suche in unserem Ego stecken. Es ist unser Weg, unsere Vorstellung von Spiritualität, der wir folgen.

Das Leben verwandelt uns, wenn wir uns ihm stellen. Schau in dein Leben hinein und frage dich: Was hat dich am meisten verwandelt? Waren es selbst gesuchte Wege? Oder waren es Ereignisse, die dir in die Quere kamen, die dich auf den glühenden Rost legten, bei denen du das Gefühl hattest, nicht mehr weiterleben zu können?

Du musst gar nicht auf die Suche gehen nach dem, was dich wandelt. Lass die Verwandlung geschehen, zu der dich das Leben drängt.

In den Wunden das Leben

Dort, wo mich Menschen verletzen und verwunden, dort ist auch der Weg zum wahren Leben, dort erahne ich auch, dass es in mir ein anderes Leben gibt, als vor den Menschen gut dazustehen, dass gerade in meiner Schwäche die Kraft Gottes zur Vollendung kommt. Jeder Mensch hat seine Wunden.

Was sind deine Wunden? Du erkennst sie, wenn du deine empfindlichen Stellen anschaust.

Wo reagierst du unangemessen auf Kritik?

Schaue deine Wunden an und söhne dich mit ihnen aus. Die Wunde öffnet dich für dein wahres Selbst. Die Wunde hält dich lebendig. Sie zwingt dich, weiter an dir zu arbeiten und zu wachsen. Die Wunde verweist dich auf Gott, den wahren Arzt für deine Seele.

Betrachte deine Wunden und entdecke in ihnen das Leben, das in dir strömt.

Öffne dein Leiden

Enttäuschungen begleiten unser Leben. Es muss nicht der Schmerz der Mutter oder des Vaters um die Irrwege des Sohnes oder der Tochter sein, die dich quälen. Vielleicht ist es der Schmerz über eine misslungene oder abgebrochene Beziehung, über das eigene Versagen, über die Verletzung durch andere, über die Verlassenheit und Einsamkeit. Ganz gleich, welche Ursache dein Schmerz hat, suche Beistand in deinem Schmerz. Sprich mit Menschen, die dich verstehen. Vergrabe dich nicht in deinem Leiden, sondern öffne es auf einen Menschen oder auf Gott hin. Dann wirst du in deinem Schmerz Trost erfahren, Festigkeit, Hoffnung, Zuversicht.

Bleib in Bewegung

Unser Leben ist Unterwegssein. Sei achtsam auf dem Weg deines Lebens. Wenn du eine Wanderung unternimmst oder einen Spaziergang, dann achte einmal auf jeden deiner Schritte. Dann wirst du spüren, dass Wandern ein wesentliches Bild unseres Lebens ist. Wir gehen uns frei von allem, was uns bindet und festhält. Wir gehen immer weiter. Wir bleiben nicht stehen. Wir sind bereit, uns mit jedem Schritt zu wandeln. Wandern kann wandeln, wenn wir uns bewusst werden: Wir gehen auf ein Ziel zu. »Wohin denn gehen wir? – Immer nach Hause!«, heißt es bei Novalis. Spüre beim Gehen nach, ob du auch innerlich in Bewegung bleibst, ob du auch einen inneren Weg gehst, ob dein Weg wirklich ein Weg zu Gott ist.

Fruchtbare Spannung

Wer kennt nicht die Zerrissenheit in seiner eigenen Seele? Was zerreißt dich? Was sind die verschiedenen Pole in dir? Wie bringst du die Gegensätze zusammen: Liebe und Härte, Sehnsucht nach Stille und Drang nach außen, Introversion und Extraversion, Achten auf die eigenen Gefühle und Missachtung des Leibes, Trauer und Freude, Vertrauen und Angst, Einsamkeit und Gemeinschaft?

Die Spannung zwischen den verschiedenen Polen kann einen Menschen zerreißen. Sie kann aber auch strömendes Leben erzeugen. Ohne Spannung gibt es kein Leben.

Lass die Spannung deines Herzens fruchtbar werden. Aber sei auch sensibel dafür, wo du die Spannung nicht mehr aushalten kannst, wo sie zu groß für dich wird. Suche die Spannung, die das Leben und die Liebe in dir strömen lässt, damit von dir Leben ausgeht für die Menschen deiner Umgebung.

Keine Gewalt

Früher meinte ich, ich müsste mich verändern, ich müsste alles anders machen. Im Verändern ist etwas Gewaltsames. Ich will mich ändern, weil ich so, wie ich bin, nicht gut bin. Verwandeln ist sanfter. Alles darf sein, aber alles will verwandelt werden. Verwandeln heißt, dass das Eigentliche durchbricht durch das Uneigentliche, dass das Bild aufleuchtet, das Gott sich von mir gemacht hat. Gerade im Alter spüren wir, dass wir nicht mehr viel verändern können, dass wir manches Ideal nicht erreichen werden. Da wäre die Verwandlung der geistliche Weg schlechthin. Ich halte alles Gott hin, auch das Arme und Verkrüppelte in mir, das Beschädigte und Verwundete, das, was am Wegrand liegen geblieben ist (vgl. Lk 14,23), damit Gott es verwandeln kann. Tag für Tag halte ich Gott mein armes Leben hin, im Vertrauen, dass er es mehr und mehr verwandelt in seine Herrlichkeit. Verwandelt werden aber kann nur, was wir Gott hinhalten.

Geh gut mit dir um

Erkenne das Mütterliche in dir. Nimm das verletzte Kind in dir in deine mütterlichen Arme. Geh mütterlich mit dir selbst um. Dann brauchst du nicht dein Leben lang darauf zu warten, dass deine Mutter die Liebe gibt, nach der du dich sehnst, dass deine Mutter dir die Worte der Anerkennung und des Lobes sagt, die du so sehr brauchst. Sei dir selbst Mutter. Nimm dich selbst liebend in die Arme. Und schenke dir die Geborgenheit, die das verletzte und verwaiste Kind in dir braucht. In dir ist genügend Mütterlichkeit, weil du teilhast an Gottes mütterlicher Liebe und Kraft.

Selbstvergessen

George Bernanos sagte einmal: »Es ist eine große Gnade, sich selbst annehmen zu können. Aber die Gnade aller Gnaden ist, sich selbst vergessen zu können.«

Sich selbst vergessen, einfach in Gottes Gegenwart dasitzen, zu kontemplieren, – wem das gelingt, der hat bereits eine Ahnung der Ewigkeit, wo wir in Gott für immer leben werden. Es ist auch eine Erfahrung großer Freiheit.

Selbstvergessen zu sein, abzusehen vom eigenen Ego, ist aber auch eine Chance, Freiheit im ganz konkreten Alltag zu erfahren.

Freiheit ist nicht eine Leistung, die ich erbringen kann. Sie ist viel mehr dies: Ausdruck dafür, dass ich so lebe, wie es mir gemäß ist und wie es meiner Begrenzung und zugleich meinen Kräften entspricht.

Die wahre Freiheit aber besteht darin, selbstlos lieben zu können.

Geh bis an deiner Sehnsucht Rand

Sehnsucht ist der Anfang von allem

Versteckt hinter der Sucht

Unsere Zeit ist eine Zeit der Desillusion. Skepsis und Zynismus machen sich breit. Die Visionen sind verflogen. Wir misstrauen großen Worten. Für manche ist Sehnsucht nichts als Fata Morgana. In der postmodernen Zeit leben wir ohne Illusionen. Der Mensch kann aber auch in Zeiten der Desillusionierung die Sehnsucht nicht ganz lassen. Wir brauchen uns nur umzuhören, dann erkennen wir seine heimlichen Sehnsüchte in den vielen Schlagern, die seine Sehnsucht nach Liebe besingen. Wir entdecken die heimliche Sehnsucht in den Begierden und Bedürfnissen, die die Konsumgesellschaft wachruft und zu stillen versucht. Sehnsüchte werden kommerzialisiert. Sie verstecken sich hinter vielen Ersatzbefriedigungen. Oder wir brauchen nur die Inhalte von populären Illustrierten zu betrachten, das Verlangen, am Glanz der Filmstars und Sportstars teilzuhaben, oder die Neugier, alles über Königshäuser zu erfahren. Man möchte selber König oder Prinzessin sein.

Sehnsucht versteckt sich heute vor allem hinter der Sucht. Und die ist immer verdrängte Sehnsucht. In der Sucht suche ich eigentlich das, was ich in der Tiefe meines Herzens ersehne. Aber ich gebe meine Sehnsucht nicht zu. Ich möchte in der Sucht meine Sehnsucht überspringen und mir direkt nehmen, was ich ersehne. Das mittelhochdeutsche Wort Sucht kommt von *siech*, von krank sein. Erst in unserer Zeit hat man die Sucht mit der Suche zusammengesehen. Sucht macht abhängig und krank. Ich suche nicht weiter. Ich begebe mich in eine Abhängigkeit, die mir scheinbar schenkt, wonach ich mich sehne. Aber ich bekomme nie, was ich ersehne.

In der Sucht sehnen wir uns letztlich nach dem Paradies des Mutterschoßes. Wir scheuen uns, das Paradies zu verlassen. Wir bleiben im Mutterschoß zurück. Wir weigern uns, die Verantwortung für unser Leben zu übernehmen. Wir wollen nicht erwachsen werden. Wir haben uns so daran gewöhnt, verwöhnt zu werden, dass wir nicht bereit sind, uns dem Leben mit seinen Herausforderungen zu stellen. Wir bleiben im Konsumieren stecken, anstatt uns aufzumachen, um das Leben in die Hand zu nehmen.

Nimm dein Leben in die Hand

Gerade weil mich meine Sehnsucht lehrt, die Realität anzunehmen, wie sie ist, verlangt sie nach Disziplin. Denn zur Realität meines Lebens gehört es, dass ich mein Leben lang ein Lernender, ein *discipulus,* ein Schüler, bin. Die Sucht verlängert das Verwöhntwerden, das Bleiben im Mutterschoß. Die Disziplin führt mich in das Leben ein. Sie lehrt mich, mein Leben selbst in die Hand zu nehmen, mir klare Ordnungen zu geben. Disziplin meint im Lateinischen die Lehre, den Unterricht, aber auch die Zucht, die Ordnung und die Methode, mit der ich an etwas herangehe. Manche meinen, es komme von *discere* = lernen. Aber vermutlich ist die Wurzeln *capere* = nehmen. Es kommt dann von *dis-cipere* = zergliedern, um zu erfassen. Ich nehme etwas in die Hand. Ich gliedere es, ich teile es auf, um es zu verstehen, um zu sehen, was darinnen ist. Disziplin ist nicht etwas Passives, dem ich mich unterwerfe, sondern etwas Aktives. Ich nehme mein Leben in die Hand. Ich schaue es mir an und überlege, wie ich es so gliedern kann, dass ich wirklich lebe, dass ich selber lebe, anstatt gelebt zu werden.

Leere inmitten der Fülle

Menschen, die alles erreicht haben, wonach sie sich sehnen, werden oft von einem Gefühl innerer Leere heimgesucht. »Der eine mag zum Fußballer des Jahres ernannt werden, der andere summa cum laude promovieren, das Herz des perfekten Partners gewinnen oder so viel Geld verdienen, dass er oder sie den schon immer erstrebten Lebensstil finanzieren kann.« (Christina Grof) Doch inmitten all der Fülle bleibt die innere Leere, und die Sehnsucht nach etwas ganz anderem wird sogar noch größer.

Nichts Irdisches, kein Erfolg, kein geliebter Mensch kann unsere innere Unruhe beruhigen. Wir werden erst zur Ruhe kommen, wenn wir die innere Quelle finden, die nie versiegt, die Geborgenheit und Heimat, aus der wir nie vertrieben werden, und eine Liebe, die sich nie auflöst und uns nicht zwischen den Fingern zerrinnt.

Erkaufte Träume

Nur was angenommen wird, kann erlöst werden, sagen die Kirchenväter. Wir dürfen also unsere Sucht nicht verurteilen, sonst verfolgt sie uns immer. Wir können gegen sie nicht direkt ankämpfen, sonst entwickelt sie eine zu starke Gegenkraft. Wir sollten die Sucht nach der Sehnsucht befragen.

Wonach sehne ich mich, wenn ich zu viel Alkohol trinke? Ich möchte der Banalität des Alltags entfliehen, ich möchte ein anderes Gefühl haben, ich möchte mich über die Niederungen des Alltags erheben, um in einer gehobenen Stimmung die Welt schöner und gefälliger erleben zu können. André Gide sieht den Grund unseres Trinkens darin, dass wir uns den Traum von einer Sache erwerben möchten, weil wir die Sache selber nicht bekommen können. Wir erkaufen uns im Trinken den Traum vom Glück, weil wir dem Glück vergebens nachlaufen. Doch Gide macht die traurige Erfahrung: »Das Furchtbare ist, dass man sich nie genügend betrinken kann.« Das Trinken wird meine Sehnsucht nie wirklich stillen. Im Trinken werde ich immer nur von dem Glück träumen, nach dem ich mich sehne. Aber ich werde dabei immer unglücklicher. Ich verzichte darauf, konkrete Wege zu gehen, die mich dem Glück näher bringen könnten.

Wonach sehne ich mich, wenn ich nicht von der Arbeit loskomme? Ich decke das seelisch Loch zu, das entstehen würde, wenn ich nichts zu tun hätte. Ich laufe vor mir selbst davon. Ich kann mich selbst nicht aushalten. Ich kann es nicht ertragen, wenn ich in der Stille mir selbst und meiner Wahrheit begegnen würde. Oder ich sehne mich nach Anerkennung. Deshalb leiste ich immer mehr, damit man mich nicht übersehen kann. Ich sehne mich nach Beziehung, um mich spüren zu können, um zu erfahren, dass ich liebenswert bin. Ich möchte bedingungslos angenommen sein, mich selbst annehmen und lieben können.

Es geht darum, meine Süchte zu Ende zu denken. Wenn ich die gehobene Stimmung durch den Alkohol bekomme, ist das schon alles? Oder sehne ich mich nicht nach mehr? Sehne ich mich nicht nach einer ganz anderen Wirklichkeit, nach der Wirklichkeit des Geistes?

In Berühung mit mir selbst

In den Exerzitien frage ich mich selbst und auch die Exerzitanten immer wieder: »Was ist deine tiefste Sehnsucht?« Ich kann diese Frage nicht immer sofort beantworten. Aber wenn ich mich dieser Frage stelle, dann fällt alles krampfhafte Suchen, mich selbst besser zu machen, weg. Vieles, was mir sonst Kopfzerbrechen bereitet, wird unwichtig. Ich komme in Berührung mit mir selbst, mit meinem Herzen, mit meiner eigenen Berufung. Wer bin ich eigentlich? Was ist meine Sendung? Welche Spur möchte ich eingraben in diese Welt? Was erfüllt mir meine Sehnsucht? Die Frage nach meiner tiefsten Sehnsucht führt mich letztlich nicht nur zu Gott, sondern auch zu meiner urpersönlichsten Antwort auf Gottes Sehnsucht nach mir. Auch Gott sehnt sich nach mir, so sagen uns die Mystiker. Mechthild von Magdeburg spricht Gott an: »O du brennender Gott in deiner Sehnsucht!« Gott sehnt sich danach, den Menschen zu lieben. Wenn ich mich nach meiner tiefsten Sehnsucht frage, dann entdecke ich, wie ich auf seine Sehnsucht nach mir, wie ich auf seine Liebe zu mir antworten möchte.

Meine tiefste Sehnsucht besteht darin, ganz und gar durchlässig zu werden für seine Liebe und Güte, für seine Barmherzigkeit und Milde, ohne Verfälschungen durch meinen Egoismus, ohne Verdunkelungen durch meine eigenen Bedürfnisse nach Anerkennung und Erfolg. Lauterkeit, Reinheit des Herzens, – so haben das die frühen Mönche genannt.

Nichts festhalten

Trau deiner Sehnsucht – und dein Herz wird weit. Deine Sehnsucht führt dich über dein eigenes begrenztes Ego hinaus und relativiert die Probleme, mit denen du dich herumschlägst. Die Sehnsucht befreit dich vom Zwang, alles Schöne und Erfreuliche festhalten zu müssen. Du kannst dich daran freuen und es wieder lassen. Die Sehnsucht macht dich fähig, mitten in den Konflikten des Lebens gelassen zu bleiben. Was deine Erwartungen nicht erfüllt, vermag deine Sehnsucht zu vertiefen. So reagierst du nicht mit Frustration und Traurigkeit, sondern mit innerer Freiheit und Zuversicht. Alles, was dir querläuft, kann dem, der seiner Sehnsucht traut, seine Liebe und Liebenswürdigkeit nicht rauben, sondern wird sie nur stärken und vertiefen. Trau deiner Sehnsucht – und in ihr wirst du heitere Gelassenheit erfahren.

Sucht in Sehnsucht verwandeln

Die Sucht braucht immer zwei Strategien: die eine Strategie ist die konsequente Befolgung klarer Regeln; die andere Strategie geht der Sucht auf den Grund. Was entdecke ich in mir, wenn ich in meine Sucht hineingehe, wenn ich sie zu Ende denke, wenn ich mich frage, was sie mir eigentlich bringen sollte? Ich werde dann auf dem Grund meiner Sucht eine tiefe Sehnsucht entdecken. Und die Sucht wird nicht wirklich geheilt, solange ich nicht auf gesunde Weise mit meiner Sehnsucht in Berührung komme. Die Sehnsucht ist nicht eine fromme Flucht vor der Wirklichkeit meiner Sucht, sondern ein Wandlungsweg für die Sucht. Dieser Wandlungsweg gelingt aber nur, wenn ich der Sucht etwas entgegensetze. Wasserkraft wird erst dann in Strom verwandelt, wenn ich einen Staudamm errichte, damit die Energie in eine andere Richtung fließen kann.

Ernesto Cardenal beginnt sein berühmtes Buch von der Liebe mit dem Satz: »In den Augen aller Menschen wohnt eine unstillbare Sehnsucht. In den Pupillen der Menschen aller Rassen, in den Blicken der Kinder und Greise, der Mütter und liebenden Frauen, in den Augen des Polizisten und des Angestellten, des Abenteurers und des Mörders, des Revolutionärs und des Diktators und in denen des Heiligen: in allen wohnt der gleiche Funke unstillbaren Verlangens, das gleiche heimliche Feuer, der gleiche tiefe Abgrund, der gleiche unendliche Durst nach Glück und Freude und Besitz ohne Ende.« Jeder Mensch, so meint Ernesto Cardenal sehnt sich letztlich nach einer bedingungslosen Liebe, nach einer Liebe, die ihm das Leben erst lebenswert macht und die ihm vermittelt, dass er einzigartig und wertvoll ist. »Die Sehnsucht ist der Anfang von allem«, sagt Nelly Sachs. Mit der Sehnsucht beginnt der Mensch seinen Weg der Selbstwerdung.

Ohne Sehnsucht wäre er nicht Mensch. Ohne Sehnsucht erstarrt er und verliert seine Lebendigkeit.

Rainer Maria Rilke hat in einem Gedicht seiner Vorstellung Ausdruck gegeben, dass Gott jedem Menschen, bevor er ihn in die Nacht dieser Welt hinausschickt, ein Wort mit auf den Weg gibt. Und dieses Wort lautet:

»Von deinen Sinnen hinausgesandt,
geh bis an deiner Sehnsucht Rand;
gib mir Gewand.«

Dem Menschen ist die Sehnsucht ins Herz gesenkt. Sie treibt ihn hinaus in diese Welt, um ihre Schönheit zu entdecken und in ihrer Schönheit und hinter allen Dingen Gott selbst zu suchen. Ein Weg, bis an unserer Sehnsucht Rand zu gehen, ist die Musik. Die wunderbare Musik von Schubert geht bis an den Rand der Sehnsucht. Sie lässt die Sehnsucht hörbar werden. Und nur wenn die Sehnsucht Ausdruck findet, ist sie heilsam. Wenn wir unsere Sehnsucht nicht hörbar oder sichtbar werden lassen, dann flüchtet sie sich in die Sucht.

In einem anderen Gedicht definiert Rilke die Sehnsucht:

»Das ist die Sehnsucht: wohnen im Gewoge
und keine Heimat haben in der Zeit.«

Die Sehnsucht besteht darin, dass wir mitten im Trubel dieser Zeit leben, dass wir mitten im Gewoge unserer unruhigen Lebensfahrt wohnen. Wie kann das gelingen: mitten im Gewoge wohnen. Die Sehnsucht ist wie eine Heimat mitten im Gewoge. Wenn wir der Musik lauschen, können wir erahnen, dass wir jetzt mitten im Gewoge unseres Lebens, mitten in unseren Konflikten, in unseren Enttäuschungen in unserer Sehnsucht wohnen können.

Martin Heidegger sagte einmal: »Schauen führt in die Freiheit, Hören in die Geborgenheit.« Durch die Musik entsteht ein Raum der Geborgenheit, in dem wir wohnen können. Wer so in seiner Sehnsucht wohnt, der spürt, dass die Sehnsucht sein Herz weit macht, dass er eine neue Form von Lebendigkeit in sich entdeckt. Aber gleich nach dem schönen Wort vom Wohnen im Gewoge sagt Rilke, dass wir in der Zeit keine Heimat haben. In der Zeit können wir uns nicht einrichten. Wir können die Zeit nicht anhalten. Sie verweist uns auf eine jenseitige Heimat, auf eine Heimat, die erst dann entsteht, wenn hier Himmel und Erde zusammenfallen, Zeit und Ewigkeit.

Das letzte Ziel

Wenn wir mit allen Kräften nach Reichtum aus sind, so wird der Besitz unsere Sehnsucht nicht erfüllen. In der Suche nach Reichtum steckt die Sehnsucht nach Ruhe, dass wir endlich zur Ruhe kommen können. Aber das Fatale ist, dass der Besitz uns besessen macht, dass er uns noch mehr in die Unruhe treibt. Wenn wir nach Erfolg streben, so steckt dahinter letztlich die Sehnsucht, wertvoll zu sein. Aber wir wissen zugleich, dass kein Erfolg unsere Sehnsucht ganz zu stillen vermag.

Wir erfahren unseren letzten Wert erst in Gott. Jeder Mensch sehnt sich im Grunde danach, geliebt zu werden und selber zu lieben. Wir brauchen nur in der Zeitung zu lesen, um zu entdecken, wie viele solcher Sehnsüchte unbefriedigt bleiben oder in Einsamkeit und Verzweiflung enden. Aber dennoch steckt in jeder kleinen Liebe, auch in der ganz und gar sexuellen Liebe eine Sehnsucht nach absoluter Liebe, die Sehnsucht nach Gott. Augustinus hat gesagt: »Unruhig ist unser Herz, bis es Ruhe findet in dir, mein Gott.« Der Mensch ist erfüllt von einem unstillbaren Hunger nach absoluter Heimat, nach Geborgenheit, nach dem verlorenen Paradies, auch wenn nach außen hin das menschliche Verlangen auf andere Ziele geht. Selbst bei Menschen, die sich von Gott abgewandt haben, pocht eine Sehnsucht nach mehr, nach dem ganz anderen, nach dem, der allein genügt. Wenn wir unsere Wünsche und Sehnsüchte zu Ende denken, werden wir letztlich immer auf diese Sehnsucht stoßen.

Was die Welt übersteigt

Wie können wir mit unserer Sehnsucht in Berührung kommen? Der eine Weg geht darüber, unser Leben anzuschauen und hinter allem die Sehnsucht zu entdecken, die in unseren Begierden, Süchten, Leidenschaften, Bedürfnissen, Wünschen, Hoffnungen steckt. Alles, was wir erleben, zu Ende zu denken, ihm auf den Grund zu gehen. Der andere Weg ist ein spiritueller. Wenn wir im Vaterunser beten: »Dein Reiche komme zu uns«, so brauchen wir nicht – sagt Augustinus – Gott anzuflehen, dass er endlich sein Reich kommen lasse, sondern wir stacheln in uns die Sehnsucht nach diesem Reich an. Die Psalmen sind für Augustinus Lieder der Sehnsucht. Indem wir sie singen, wächst in uns die Sehnsucht nach der wahren Heimat in Gott. Augustinus vergleicht das Psalmensingen mit dem Singen von Wanderern. Zur Zeit des Augustinus wanderte man bei Nacht, um der Gefährdung durch Räuber zu entgehen. Aber dafür stieg häufig Angst in den Wanderern hoch. Um sich die Angst zu vertreiben, sangen die Wanderer ihre Heimatlieder. Augustinus zieht diesen Vergleich: So singen wir also hier in der Fremde, die Liebeslieder unseres Vaterlandes, um in uns die Angst vor der Dunkelheit zu überwinden und die Sehnsucht nach Gott anzustacheln.

Die höchste Form des Betens ist für Augustinus das Singen. Er hat eine eigene Theologie über das Singen entfaltet. »Cantare amantis est – singen ist Sache des Liebenden«. Singen kann nur, wer liebt. Das Singen führt den Menschen nach innen, in das »Intimum domus meae – in das Innerste meines Hauses«. Wenn du der Musik zuhörst, kommt der Klang der Geigen und Celli von außen auf dich zu. Aber das Singen führt dich in den inneren Raum, in dem du dich berührt fühlst, in dem du bei dir daheim, ganz und heil bist. Wenn du in diesem inneren Raum bei dir selbst angekommen und in diesem inneren Raum daheim bist, dann wird eine Sucht unnötig, die die Heimat des Paradieses außen sucht. Wer mit sich selbst in Berührung kommt, spürt in sich etwas, das diese Welt übersteigt, und mitten im Gewirr dieser Welt Geborgenheit schafft.

Die Sehnsucht – ein Anker

Die Sehnsucht ist das Wertvollste, das der Mensch in sich trägt. Sie ist der Anker, den Gott in unser Herz geworfen hat, um uns daran zu erinnern, dass unser Herz im Vorläufigen nicht zur Ruhe kommt. In der Sehnsucht ist in uns schon etwas, das diese Welt übersteigt, über das daher die Welt keine Macht hat. Die Sehnsucht macht den Menschen heilig. Für den Menschen, der mit seiner Sehnsucht in Berührung ist, relativieren sich seine Probleme, seine Krankheiten, seine Verletzungen. Ja er spürt, dass all das, worunter er leidet, seine Sehnsucht noch mehr anstachelt. In seiner Sehnsucht berührt er Gott. Die Sehnsucht ist die Spur, die er selbst in unser Herz gelegt hat. Wenn wir unsere Sehnsucht spüren, dann spüren und erfahren wir seine Liebe mitten in der Kälte und Dunkelheit dieser Welt.

Ewiger Bestand

Der Mensch ist nach Augustinus in der Zeit und er sehnt sich nach der Ewigkeit. So schreibt er in den Confessiones: »Du bist mir Trost, Herr, du mein Vater, ewig bist du! Ich aber stecke in der Zeit und weiß nicht, wie sie laufen wird, und wirren Wechsels zersplittert sich mein Denken und all das tiefste Leben meiner Seele, bis ich in dich zerfließe, gereinigt und geläutert in den Gluten deiner Liebe.« Wenn wir mit Gott eins werden in der Liebe, dann wird die Zeit aufgehoben, dann ist Ewigkeit mitten in der Zeit, dann bekommt unser Leben mitten in dieser Zeit ewigen Bestand.

Augustinus leidet unter der Vergänglichkeit der Zeit, in der nichts beständig ist, in der man sich auf nichts verlassen kann: »In dieser Welt aber rollen die Tage dahin, die einen gehen, die anderen kommen, keiner bleibt. Auch die Augenblicke, da wir reden, verdrängen einander, und es bleibt die erste Silbe nicht stehen, damit die zweite erklingen kann. Seitdem wir reden, sind wir etwas älter geworden, und ohne Zweifel bin ich jetzt älter als heute morgen. So steht nichts still, nichts bleibt fest in der Zeit. Darum müssen wir den lieben, durch den die Zeiten geworden sind, um von der Zeit befreit und in der Ewigkeit befestigt zu werden, wo es keine Veränderlichkeit der Zeit mehr gibt.« Die Sehnsucht nach der Ewigkeit ist für Augustinus zugleich die Sehnsucht nach Beständigkeit, die Sehnsucht nach bleibendem Glück, nach dauernder Liebe, nach Gelingen des Lebens. In einer Zeit, in der alles im Umbruch war, sehnte sich Augustinus nach etwas Beständigem, auf das er sich verlassen konnte. Das war für ihn Gott, der jenseits aller Zeit und Veränderlichkeit ist. Da wir heute in einer ähnlichen Zeit sind wie Augustinus, können wir seine Sehnsucht nach der Ewigkeit mitten in der Zeit nachfühlen und verstehen.

Lebe statt gelebt zu werden

Entscheide dich heute für das Leben

Wo Leben ist, ist Glück

»Wenn du glücklich sein willst – lebe«, so einfach ist Lebenskunst nach Leo Tolstoi.

Und es stimmt: Glück kann man nicht direkt anstreben, genauso wenig wie die Freude. Wer glücklich sein will, soll sich dem Leben mit allen Höhen und Tiefen zuwenden. Glück ist Ausdruck erfüllten Lebens. Wenn ich mit allen Sinnen lebe, wenn ich mich einlasse auf das Leben, dann werde ich in meiner Lebendigkeit auch Glück erfahren. Das Glück lässt sich nicht festhalten, genauso wenig wie das Leben. Das Leben fließt immer weiter. Manchmal fließt es durch finstere Täler, manchmal wird es zum Wasserfall. Auch im Schmerz ist Leben. Und so kann in jedem auch eine Ahnung von Glück sein, im Schmerz, der mich für den Bruder oder die Schwester öffnet, in der Freude, die ich mit andern teile, in der Anstrengung, die ich auf mich nehme, um einen Gipfel zu besteigen, in der Entspannung, wenn ich im Meer schwimme.

Überall, wo wirklich Leben ist, ist auch eine Spur von Glück. Doch sowenig ich das Leben von außen betrachten und analysieren kann, sowenig lässt sich das Glück als etwas Objektives beobachten. Es stellt sich ein bei dem, der lebt, der lebendig ist und der sich mit allen Sinnen auf das Leben einlässt.

Ganz gelassen

»Hoffnung und Angst können das Wetter nicht ändern.« Diese Weisheit aus Tibet gilt weltweit. Ich kenne selber die Erfahrung, dass ich mir den Kopf zerbreche, ob wirklich alle zum vereinbarten Termin rechtzeitig kommen, weil ich sonst mit meinem Zeitplan durcheinander gerate. Oder ich hoffe und bete, dass das Wetter für den geplanten Ausflug gut wird. Ich schaue dann zum Himmel, ob sich die Wolken verziehen oder dichter werden, so dass mit Regen zu rechnen ist. Ich merke, wie viel Energie solche Gedanken kosten. Und doch kann ich mit meinen Gedanken weder das Wetter beeinflussen noch die Ankunft der Gesprächspartner bestimmen. Es lohnt sich also nicht, immer wieder aufzustehen und nach draußen zu sehen, ob die erwarteten Gäste nicht bald kommen. Ich könnte in dieser Zeit viel besser meine Arbeit erledigen oder einfach nur dasitzen und meditieren. Wenn ich fixiert bin auf das Wetter oder auf den Termin, dann gehört die Zeit nicht mir, sondern meinen Grübeleien, meinen Hoffnungen und Ängsten. Wenn ich das Wetter nehme, wie es ist, wenn ich innerlich ja sage zu dem, was kommt, dann fühle ich mich frei. Dann ist es meine Zeit und Gottes Zeit. Ich kann sie genießen. Manchmal gelingt es mir. Dann sage ich einfach: »Da ich das Wetter nicht ändern kann, lohnt es sich auch nicht, darüber nachzudenken. Da ich die Ankunft des Gastes nicht beeinflussen kann, ist es sinnlos, sich darüber Sorgen zu machen.« Dann überlasse ich das Wetter und die Ankunft Gott und kann mich ganz gelassen dem zuwenden, was gerade dran ist.

Ein heißes Bad

Gute Taten und heiße Bäder sind das beste Heilmittel bei Depressionen, sagt man. Schon Thomas von Aquin hat die wohltuende Wirkung von heißen Bädern beschrieben. Wenn jemand traurig ist, so der praktische Rat dieses großen Theologen, dann soll er ein Bad nehmen. Dahinter steckt wohl eine Urerfahrung: Das Bad ähnelt dem Mutterschoß. Da schwammen wir auch in warmem Wasser, fühlten uns geborgen, schwerelos, geschützt und getragen. Im Bad kommen wir in Berührung mit dieser Erfahrung von Geborgenheit des mütterlichen Schoßes. Das vertreibt unsere Traurigkeit.

Dass die Wirkung der guten Taten der von heißen Bädern gleichgesetzt wird, mag manchen vielleicht verwundern. Das Bad schenkt Geborgenheit. Die gute Tat führt mich dagegen in die Welt hinaus. Sie fordert mich heraus, von mir und meiner Stimmung Abstand zu nehmen und das zu tun, was gerade ansteht und nottut, was der Mensch neben mir braucht. Gute Taten befreien mich vom narzisstischen Kreisen um mich selbst. Und das tut der Seele gut. Wenn ich durch gute Taten lebendig werde, dann verzieht sich meine Depression. Denn Depression ist Mangel an Leben. In der Depression stehe ich neben mir, da spüre ich mich nicht. Wenn ich etwas Gutes tue, kann ich mich am Erfolg freuen. Es ist mir etwas gelungen. Und wenn der andere sich über meine gute Tat freut, dann wird meine Freude doppelt.

Fröhliches Herz

»Ein fröhlich Herz tut auch dem Körper gut«, sagt die Bibel (Sprüche 17,22). Das stimmt – und doch: Es hilft dem traurigen Menschen nicht, wenn ich ihm sage: Freue dich doch. Ich kann einem Menschen nicht befehlen, dass er sich freuen soll. Aber wichtig ist die Erkenntnis: In jedem von uns liegt auf dem Grund seines Herzens die Freude bereit. Wir sind davon oft genug nur abgeschnitten. Es ist unsere Aufgabe, mit der Freude wieder in Berührung zu kommen, die in uns ist. Es gibt ganz konkrete Mittel, die uns dabei helfen: Wir brauchen uns nur daran zu erinnern, worüber wir uns als Kind gefreut haben. Oder wir nehmen die kleinen Dinge des Alltags wahr, die Grund zur Freude sind: das Lächeln der Verkäuferin, das schöne Wetter, die frische Luft, die uns umweht, die Lebendigkeit unserer Kinder. Die Fähigkeit, sich zu freuen und der Freude in seinem Herzen Raum zu geben, ist für den Menschen lebensnotwendig. Amerikanische Mediziner haben festgestellt, dass die Freude nicht nur der Seele, sondern auch dem Körper gut tut, dass sie die Bedingung dafür sein kann, dass Krankheiten weniger auftreten und schneller heilen. Die wohltuende Wirkung der Freude war schon den Weisen des Alten Testamentes bekannt. Die Wissenschaft versucht, diese heilsame Wirkung der Freude zu begründen. Freude ist eine gehobene Emotion, sagt die Psychologin Verena Kast. Sie bringt etwas in unserer Seele und in unserem Leib in Bewegung. Sie entspannt den Leib und erhöht dadurch seine Widerstandskraft.

Es gibt nichts Schöneres.

Und kaum etwas Gesünderes.

Aufgehellt

Eine einzige Freude vertreibt hundert Betrübnisse.« (Chinesisches Sprichwort)

Die Freude ist wie ein Licht, das in der Finsternis angezündet wird. Auch wenn die Kerze nur ganz klein ist, vertreibt sie die Dunkelheit eines Raumes. Der Raum bekommt eine andere Atmosphäre. Das kleine Licht leuchtet mitten in der Finsternis und vertreibt sie. Die Kerze hellt den Raum noch nicht so auf, dass man darin lesen kann. Aber ein Raum, in dem eine Kerze brennt, ist nicht mehr dunkel. Genauso – meint das chinesische Sprichwort – kann eine kleine Freude die getrübte Stimmung, die die Seele des Menschen verdunkelt, vertreiben.

Die Freude hellt die trübe Stimmung auf. Sie ist wie ein Keil, der in die Mauer der Betrübnisse geschlagen wird. Der Keil bricht die Mauer entzwei. Es entsteht eine Lücke, durch die das Leben wieder eindringen kann in den Menschen.

Lerne tanzen

»Lerne tanzen, sonst wissen die Engel im Himmel mit dir nichts anzufangen«, das sagt Augustinus.

Für Augustinus ist nicht in erster Linie die Erfüllung der Gebote die Voraussetzung, dass wir in den Himmel kommen und uns dort für immer der Gegenwart Gottes erfreuen können. Vielmehr ist für ihn die Lebendigkeit, die wir hier entwickeln, entscheidend, dass wir auch im Himmel ewiges Leben erfahren. Das Tanzen ist Zeichen dieser Lebendigkeit.

Im Tanzen vergesse ich mich selbst. Da bin ich ganz in meinem Körper. Da spüre ich mich in die Freude am eigenen Körper hinein. Im Tanz drücke ich die Sehnsucht nach Freiheit, nach Geborgenheit, nach göttlicher Schönheit aus.

Die Engel kann sich Augustinus nur als tanzende Wesen vorstellen. Sie wollen uns im Himmel mit aufnehmen in den himmlischen Reigen. Der Kirchenvater Hippolyt nennt Christus den Vortänzer im himmlischen Reigen. Die Engel sind seine Mittänzer. Und sie laden jeden, der in die Herrlichkeit des Himmels gelangt, ein, mitzutanzen und im Tanz die reine Freude, die reine Freiheit und die reine Schönheit zu erleben.

Lerne genießen

Wer nicht genießen kann, wird irgendwann ungenießbar.« Das ist eine alte Lebensweisheit. Und jeder kennt vermutlich Beispiele, die diese Weisheit belegen.

Askese gehört zu jedem spirituellen Weg. Askese ist die Lust, das Leben selbst in die Hand zu nehmen, selber zu bestimmen, wann und wie viel man isst und trinkt. Bei manchen Menschen wird die Askese freilich zu einer Obsession. Sie haben keine Lust an der Askese. Ihre Askese entspringt vielmehr einer Lebensverneinung. Sie haben ein schlechtes Gewissen, wenn sie sich etwas gönnen. Vor lauter asketischer Abstinenz werden sie unfähig, das, was Gott ihnen geschenkt hat, zu genießen. Beim Essen sehen sie sofort auf ihr Gewicht oder halten sich die gesundheitlichen Auswirkungen vor Augen. Oder sie denken daran, dass andere im gleichen Augenblick nichts zu essen haben. So gut es ist, mit den Armen solidarisch zu sein, so verkehrt wäre es, sich jeden Genuss mit dem Hinweis zu vergällen, dass es Menschen gibt, die hungern. Schon Teresa von Avila hat gesagt: »Wenn fasten, dann fasten. Und wenn Rebhuhn, dann Rebhuhn.« Wer sich den Kopf zerbricht, ob das Rebhuhn nicht zu teuer wäre, der kann es nicht mehr genießen. Und wer nichts mehr genießen kann, für den hat die Askese keinen Sinn. Die Askese macht aus ihm nur einen Griesgram, einen Lebensverneiner, einen in sich unzufriedenen Menschen, der sich nicht mehr freuen kann. Wirkliches Genießen verlangt allerdings Askese. Denn wer alles in sich hineinschlingt, der ist unfähig, das, was er isst, auch wirklich zu genießen. Genießen wird nur der, der auch verzichten kann, der ein Gespür dafür hat, wann es Zeit ist, aufzuhören mit dem Essen und Trinken.

Übung der Sorglosigkeit

Die alten Mönchsvater sind Meister der asketischen Übung. Zu ihrer Übung gehören aber nicht nur Haltungen wie Demut oder Schweigen, sondern auch eine Haltung wie Sorglosigkeit. Der Mönchsvater übt Sorglosigkeit, indem er sich immer wieder vorsagt: »Ich habe keine Sorge.« Er muss sich dieses Wort offensichtlich immer einsagen, da in seinem Herzen Gedanken der Sorge auftauchen. Kein Mensch ist wohl ohne Sorge. Ja, Martin Heidegger meinte, die Sorge sei das Grundexistential des Menschen. Der Mensch sei wesentlich einer, der sich sorgt. Doch indem ich mir in diese Sorge das Wort hineinhalte »Ich habe keine Sorge«, kann sich das Gefühl wandeln und in mir das Vertrauen auf Gottes Nähe wachsen. Hier wird also ein Weg angegeben, sich in das Vertrauen Gottes einzuüben. Ich rede mir nicht künstlich etwas ein, ich manipuliere mein Denken nicht. Ich rechne vielmehr damit, dass ich Sorgen habe. Aber ich versuche, die biblische Botschaft vom Vertrauen auf den Gott, der für uns sorgt, konkret einzuüben, indem ich es mir immer wieder sage: »Ich habe keine Sorge.«

Was heute viele Psychologen beschreiben, dass man sich positive Worte, dass man sich Vertrauenssätze zuspricht (etwa im Autogenen Training), das haben die Mönche schon immer geübt. Wir könnten uns daran heute wieder erinnern.

Versuchungen

Die alten Mönche verteufeln die Versuchungen nicht, im Gegenteil: Sie sehen sie durchaus positiv. Einer der Väter drückt es so aus: »Wenn der Baum nicht von den Winden geschüttelt wird, wächst er nicht und trägt keine Wurzeln. So ist es auch mit dem Mönch: Wenn er nicht versucht wird und die Versuchung nicht erträgt, wird er kein Mann«.

Es ist wie in der Geschichte von der Palme: Ein böser Mann ärgerte sich über eine junge schöne Palme. Um ihr zu schaden, legte er ihr einen großen Stein in die Krone. Doch als er nach Jahren vorbeikommt, ist die Palme größer und schöner geworden als alle anderen rings herum. Der Stein zwang sie, ihre Wurzeln tiefer in die Erde zu graben. Und so konnte sie auch höher emporwachsen. Der Stein wurde zur Herausforderung für sie. So sind auch die Versuchungen eine Herausforderung für den Mönch. Sie zwingen ihn, seine Wurzeln tiefer in Gott hineinzutreiben, sein Vertrauen immer mehr auf Gott zu setzen. Denn sie zeigen ihm, dass er aus eigener Kraft nicht mit den Versuchungen fertig wird. Die ständige Auseinandersetzung macht ihn innerlich stärker und lässt ihn zum Mann reifen.

Auch für uns heute ist die Frage, welcher Wert ist uns wichtiger: Korrektheit oder Lebendigsein? Wem es vor allem darauf ankommt, korrekt zu sein, der wird vor lauter Angst vor etwaigen Fehlern am Leben vorbeigehen. Sein Leben wird verkümmern. Er wird zwar korrekt sein, aber nicht lebendig und weit. Das Rechnen mit der Versuchung, die Gewissheit, dass die Versuchung zu uns gehört, macht uns menschlicher, oder wie die Mönche sagen: demütiger. Es zeigt uns, dass wir immer angefochten sind, dass wir nie sagen können, über allen Versuchungen zu stehen, dass etwa Hass und Eifersucht, dass Ehebruch für uns kein Problem wären. Wer behauptet, dass er nie seine Frau oder seine Freundin betrügen würde, der ist seinem Herzen noch nicht begegnet. Das Rechnen mit der Versuchung macht uns wachsam.

Lass gut sein

So gut es manchmal sein kann, sich mit seiner Vergangenheit zu beschäftigen, um sie zu verarbeiten und um sie als Wurzel für die Gegenwart zu erspüren, so wenig hilft es uns weiter, wenn wir ständig in die Vergangenheit schauen und uns nach Vergangenem zurücksehnen. Für den Mönchsvater Evagrius ist es vor allem gefährlich, vor der gegenwärtigen Wirklichkeit in die Vergangenheit zu fliehen, die endgültig vorbei ist und nie mehr wirklich werden wird. Aus der Vergangenheit können wir durchaus vieles für die Gegenwart lernen. Aber wenn sie zur Flucht vor der gegenwärtigen Auseinandersetzung wird, dann hindert sie uns, uns den heutigen Aufgaben zu stellen und daran zu reifen.

Was vorbei ist, ist vorbei. Das gilt für vergangene Ereignisse; wir sollen nicht ständig über unsere Vergangenheit nachdenken. Das gilt aber auch für unsere Fehler, für unsere Sünden. Auch ihnen sollen wir nicht nachtrauern. Sie sind vorbei. Wir sollen weniger auf uns und unser Versagen schauen, sondern auf Gott: »Gott ist größer als unser Herz. Und er weiß alles.« (Joh 3,20).

Entscheide dich heute fürs Leben

»Ob man sein Leben lachend oder weinend verbringt – es ist die gleiche Lebenszeit«, sagt man in Japan. Hinter diesem Sprichwort steht eine ganz allgemeine Lebenserfahrung. Jeder hat seine Lebenszeit. Wie er diese Zeit gestaltet, das ist seine Sache. Ob er sie lachend oder weinend verbringt, das liegt allein an ihm. Viele sagen, das würde nicht stimmen. Ich kann mir nicht aussuchen, ob mich ein Unglück trifft, ob mir ein lieber Mensch entrissen wird. Natürlich übertreibt jedes Sprichwort. Es geht nicht darum, das Weinen zu vermeiden. Es gibt auch eine Zeit zum Weinen.

Das japanische Sprichwort meint: Es liegt an uns, ob wir den größten Teil unseres Lebens lachend oder weinend, in depressiver Stimmung oder mit positiver Haltung, verbringen. Die Reaktion auf das, was uns zugemutet wird, liegt in unserer Hand. Wer den Mut hat, seine Trauer auszuweinen, wird auch wieder lachen können. Wer jedoch im Weinen stecken bleibt, der wird weinerlich durchs ganze Leben gehen. Und das ist dann seine eigene Entscheidung. Seine Lebenszeit ist ihm angeboten.

Manchen, die mir im Gespräch immer wieder vorsagen, wie schlimm alles ist, gebe ich den Rat: »Wenn morgens der Wecker schellt, dann entscheide dich für das Leben. Entscheide dich heute für das Leben. Danke Gott, dass du lebst. Und versuche, den heutigen Tag so anzunehmen, wie er ist. Es muss nicht lauter Freude sein. Aber wenn du dich für das Leben entscheidest, wirst du auch mit deiner Kraft, mit deiner Lebendigkeit und mit deiner Freude in Berührung kommen, selbst wenn dich manches trifft, was du beweinen musst.«

Lach darüber

Heiterkeit lässt sich nicht verordnen. Habe den Mut, dich wegen deiner Fehler und Schwächen nicht mehr anzuklagen, sondern darüber zu lachen. Sie sind längst in Gottes Barmherzigkeit aufgehoben. Du kannst über dich lachen, wenn du dich nicht so wichtig nimmst. Du kannst heiter sein, wenn du die Leichtigkeit des Seins verspürst, die ihren Grund hat in einem abgrundtiefen Vertrauen in Gottes grenzenlose Barmherzigkeit. Wenn dir seine barmherzige Liebe aufgegangen ist, dann wirst du über vieles, was dich heute noch bedrückt, lachen können und in heiterer Freiheit deinen Weg voll Vertrauen weitergehen.

Jeder ist seines Glückes Störenfried

Das Sprichwort sagt: »Jeder ist seines Glückes Schmied.« Jeder ist für sein Glück selbst verantwortlich. Es liegt an ihm, ob er sich selbst bejaht und sich einverstanden erklärt mit dem, was Gott ihm gegeben hat.

Ein pfiffiger Anonymus hat das Sprichwort umgedeutet und an eine Häuserwand seine überraschende Variante der Lebensphilosophie gesprayt: »Jeder ist seines Glückes Störenfried.«

Vielleicht hat er sich von Watzlawicks berühmtem Buch inspirieren lassen: »Die Kunst, unglücklich zu sein«. Es gibt Menschen, die es immer wieder fertig bringen, das Glück, das ihnen das Leben bietet, zu stören, zu zerstören. Sie stören den Frieden, wenn sie sich einmal gut finden. Sie können es kaum aushalten, dass es ihnen einmal gut geht. Das ist für sie eine so ungewohnte Erfahrung, dass sie sie sofort wieder zunichte machen müssen. Es ist in ihnen wie ein inneres Lebensmuster, dass sie nicht glücklich sein können oder sein dürfen. Daher müssen sie jede positive Er fahrung sofort madig machen. Sie haben sich so mit ihrer Rolle des Unglücklichen identifiziert, dass sie es nicht fertig bringen, diese Rolle vom Spielplan zu streichen. Sie weigern sich, aus ihrer Tragödie eine Komödie zu machen. Doch sie sind zum großen Teil selber der Autor und der Regisseur ihres Lebens. Es liegt an ihnen, wie sie ihr Drehbuch schreiben. Und vor allem liegt es an ihnen, ob sie glückliche Augenblicke genießen möchten oder ob sie sie lieber zerstören mit dem Hinweis, dass das doch nur eine Ausnahme ist, während das übrige Leben doch eine einzige Last sei.

Es lohnt sich

Wesentlicher Aspekt einer Kunst des gesunden Lebens ist das heilende Ritual. Rituale strukturieren den Tag und geben uns die Gelegenheit zum Innhalten – und damit die Chance, dass wir uns der eigentlichen Wirklichkeit unseres Lebens erinnern. Rituale öffnen den Himmel über unserem oft genug grau verhangenen Alltag. Sie verbinden mit der Lebensquelle des Unbewussten und lassen den lebendigen Geist einfließen in die konkreten Lebensvollzüge dieses Alltags, um sie zu verwandeln. Sie geben uns mitten im Zweifel an uns und unserem Leben die Gewissheit, dass unser Leben gelingen wird. Weil wir Lust haben, den Tag mit einem Ritual zu beginnen, können wir auch den Tag über positiv leben. Und Lust am Leben ist die wichtigste Voraussetzung für gesundes Leben.

Rituale geben dem Leben eine Ordnung. Gerade wenn die Menschen in sich zerrissen sind, können Rituale eine heilende Wirkung entfalten. Sie bringen die Seele in Ordnung. Sie geben depressiven Menschen Halt und Festigkeit. Rituale geben mir das Gefühl, dass ich selber lebe und dass es sich lohnt zu leben, weil mein Leben ein Fest ist, ein Fest des Einswerdens mit Gott. Und Rituale zeigen mir, dass mein Leben wertvoll und sinnvoll ist. Für mich ist ein wichtiges Ritual, morgens die Hände zum Himmel zu erheben und mir klarzumachen: Es kommt heute nicht auf meine Leistung an. Ich definiere mich nicht von meinen Terminen, sondern ich möchte den Himmel über den Menschen öffnen. Es lohnt sich, diesen Tag zu leben. Ich möchte meine urpersönliche Spur eingraben in diese Welt. Nur wenn mein Leben sinnvoll ist, kann es auch heil werden.

Lebe authentisch

Wir sollen nicht nur auf unsere Gedanken und Gefühle, auf unsere Bedürfnisse und Leidenschaften hören, sondern auch auf unsere Träume und auf unseren Leib. Unsere Träume führen uns oft auf den Weg, der für unsere Seele stimmt. Sie machen uns auf Gefährdungen aufmerksam und mahnen uns, das zu tun, was mit unserer inneren Wirklichkeit übereinstimmt. Sie decken uns unsere Krankheiten auf und geben uns zugleich das Mittel an, das die Krankheit zu heilen vermag. Und wir sollen auf unseren Leib hören. Der Mönchsschriftsteller Evagrius hat genaue Anweisungen gegeben, wie wir auf die Regungen des Leibes achten sollen. Denn sie zeigen uns, wie es in unserer Seele aussieht. Krankheiten weisen uns oft auf verdrängte Bereiche unserer Seele hin. Wir sollen dabei nicht nach den Ursachen unserer Krankheiten fragen. Denn das wäre rückwärtsorientiert und würde uns nur mit Schuldgefühlen belasten. Wir sollen vielmehr nach dem Sinn unserer Krankheit fragen. Die Krankheit ist, um das Bild eines Märchens zu verwenden, der bellende Hund, der uns auf den Schatz aufmerksam machen möchte. Es ist ein Schatz, der in uns liegt. Der Schatz ist Symbol für das wahre Selbst, an dem wir oft genug vorbeileben. Die Krankheit zeigt uns, dass wir das Selbst aus dem Auge verloren haben. Und sie mahnt uns, das Bild, das Gott sich von uns gemacht hat, authentisch zu leben.

Hör auf deinen Leib

Der Leib ist oft ehrlicher als unser Verstand, der oft nicht klar denken kann, weil er von unbewussten Voraussetzungen bestimmt wird. Wenn wir Gedanken und Gefühle nicht beachten, drücken sie sich im Leib aus, damit wir sie nicht mehr überhören können. Wir sollen auf unsern Leib hören, um die eigene Wahrheit zu erkennen. Dabei sollen wir dankbar sein, wenn der Leib reagiert, wenn er uns immer wieder zeigt, wie es um uns steht.

Die Psychologie weiß, dass es häufig unsere Gedanken und Gefühle sind, die uns krank machen. Wenn wir uns ständig einreden, dass uns keiner mag und dass wir zu nichts taugen, dann wird sich das auf unsere Psyche und auf unseren Leib lähmend und kränkend legen. Gefühle, die unterdrückt werden, suchen sich im Leib einen Ausdruck. Verdrängte Aggressionen verlagern sich in den Leib. Eine Krankheit kann sich aggressiv gegen die anderen richten. Oder aber wir richten die Aggressionen gegen uns selbst und werden depressiv. Verdrängter Ärger kann sich in Magengeschwüren äußern. Die nicht zugelassenen Bedürfnisse werden häufig in einer Krankheit ausgelebt. Da müssen sich die andern um mich kümmern. Und unterdrückte Lust führt oft genug in die Krankheit. Was wir nicht zulassen, das sucht sich andere Wege des Ausdrucks. Und häufig übernimmt dann der Leib die Funktion, das Unterdrückte und Verdrängte auszuleben. Doch viele wollen ihn nur möglichst schnell wieder funktionstüchtig machen. Wer dagegen jeden Tag sensibel hinhört auf das, was sein eigener Leib ihm sagt, der lebt besser – und gesünder.

Ansteckend

Sexualität kann – als Energie des Lebens – eine Quelle der Spiritualität sein. Sexualität möchte uns über uns hinaustreiben in die Ekstase. Wir können gut mit ihr umgehen, wenn wir uns mit ihr anfreunden und sie als Antrieb nehmen, über uns hinauszuwachsen, uns in Gott hineinfallen zu lassen, unsere tiefste Sehnsucht auf Gott zu richten und uns von ihr auf die Menschen verweisen zu lassen.

Sexualität ist eine wichtige Lebenskraft. Sie will verwandelt werden in Sinnlichkeit, Lebendigkeit, Lust am Leben, Fruchtbarkeit, Kreativität.

Je intensiver wir leben, desto mehr wird Sexualität integriert in unsere Spiritualität. Wenn wir positive Lebensenergie ausstrahlen, wenn um uns herum etwas aufblüht, dann ist es immer ein Zeichen, dass die Sexualität zu einem inneren Antrieb zum Leben für uns geworden ist, dass sie uns Lust am Leben schenkt und dass diese Lust am Leben auch andere ansteckt.

Leben in Fülle

Wir definieren uns nicht bloß über Leistung und Erfolg, Gesundheit und Krankheit, Anerkennung oder Ablehnung. Und auch wenn wir Probleme haben, wir sind nicht unser Problem. Wir haben zwar – immer wieder – Angst, aber wir sind nicht unsere Angst. In uns ist eine besondere und unzerstörbare Qualität von Leben, das uns niemand rauben kann: Nichts anderes ist ewiges Leben. Ewiges Leben ist erfahrbar, im Alltag und im täglichen Umgang mit den Menschen: Nicht die Erwartungen und Urteile anderer sind entscheidend, sondern eine Beziehung zu einer transzendenten Wirklichkeit, die die Bibel als Liebe beschreibt und die die Kraft hat, unser Leben zu verwandeln, wenn wir uns darauf einlassen. Biblische Bilder, die von einem solchen Leben in Fülle, von neuer Weite und Freiheit sprechen, sind ganz konkret und unmittelbar einsichtig: Vom neuen Geschmack des Lebens etwa ist da die Rede. Unser Leben, das schal geworden ist wie Wasser, unser Leben, das hart und kalt geworden ist wie ein steinerner Krug, das sich in festgefügten Normen festgefahren hat, wie in leeren Gefäßen, dieses unser Leben wird zu Wein, der das Herz des Menschen erfreut. Ein anderes Bild spricht davon: Unser Leben kann werden wie die Hochzeit zwischen Gott und Mensch. Es ist in vielen Bildern davon die Rede, was es bedeutet, von Neuem geboren zu werden und neue Lebendigkeit in sich zu erfahren. »Leben in Fülle« heißt auch , dass wir mit einer inneren Quelle in Berührung kommen können, von der wir aber oft genug durch unsere Sorgen und Probleme abgeschnitten sind. Der Weg zu diesem Leben führt in das Gelobte Land, in das Land, in dem wir ganz wir selbst sein dürfen, in der wir das einmalige Bild erfahren, das Gott sich von jedem von uns gemacht hat. Auf dem gemeinsamen Weg durch die Wüste müssen wir uns immer wieder daran erinnern, wer wir eigentlich sind: dass wir mehr sind als Menschen, die ihre Pflicht zu erfüllen haben, dass wir Menschen sind mit einer unantastbaren Würde, dass wir aus Gott geboren sind und von ihm her wahre Freiheit und wahres Leben haben. Leben in Fülle heißt auch, dass wir andere zu ihrer inneren Quelle führen, dass wir denen, die die Augen verschließen vor der Wahrheit ihres Herzens, die Augen öffnen, damit sie die blinden Flecken erkennen, die sie vom Leben abhalten. »In Fülle leben« heißt: Durchblicken, das Eigentliche sehen. Das schließt durchaus ein, dass ich mit neuen Augen auch das Schmutzige in mir sehen und mich damit aussöhnen kann. Wir können alles Gott hinhalten, damit Er es in Fülle des Lebens verwandelt. Wenn ich mit neuen Augen durch das Leben gehe, werde ich mitten in der Banalität des Alltags Leben in Fülle als etwas erfahren, was auch durch den Tod nicht vernichtet werden kann. Es ist das Leben der Liebe, aus der wir auch im Tod nicht herausfallen werden. Der französische Philosoph Gabriel Marcel hat es einmal so umschrieben: »Lieben, heißt, zum andern zu sagen: Du, du wirst nicht sterben.« Leben in Fülle heißt also auch, wieder lieben lernen, so lieben können, dass wir uns auch hingeben und verlieren können, ohne auf Nutzen zu starren. Es ist Leben aus einer Liebe, die wir wieder denen schenken können, die uns begegnen, ohne dass wir dabei selbst leer ausgehen, weil wir zuerst geliebt sind. Gerade dadurch, dass wir die Wirklichkeit unseres begrenzten Lebens so erkennen und akzeptieren wie es nun einmal ist, in all seiner Banalität: Auch mit all unseren Enttäuschungen und Belastungen, auch mit unserem Scheitern und unserem Versagen gelangen wir zu einer neuen Qualität unserer Existenz, eben zu diesem Leben in Fülle. Dazu unterwegs zu bleiben, auf dem ganz alltäglichen Weg, darum geht es letztlich immer, jeden Tag unseres Lebens. Es ist ein gesunder und heilsamer Weg – der Weg der wahren Lebenskunst.

Freude beseelt

Wir suchen alle nach Freude und suchen sie oft in Aktivitäten, die uns Spaß und Annehmlichkeiten versprechen – und uns doch nicht zu uns selber bringen. Unzerstörbare und dauerhafte Freude zeigte sich gerade in äußeren Widrigkeiten. Auch in deinem Herzen ist die Freude schon da. Du bist oft nur davon abgeschnitten. Komme in Berührung mit deiner Freude. Lass dich von ihr beseelen. Dann wird dein Leben nicht mehr bestimmt von Anerkennung und Zuwendung, von Erfolg oder Misserfolg, sondern von der inneren Freude, die in dir ist und dir nicht genommen werden kann, weil sie aus einer tieferen Quelle kommt.

Nichts ist wichtiger

»Nichts ist so wichtig wie der heutige Tag.« (Johann Wolfgang von Goethe)

Wenn ich morgens ins Büro komme und den Stapel auf meinem Schreibtisch sehe, dann sage ich mir: Eins nach dem andern. Nichts anderes ist jetzt wichtig, als diesen Brief zu schreiben und diese Unterschriftenmappe zu erledigen. Im Augenblick leben, achtsam sein, bewusst die Gegenwart auskosten, das sagen uns alle spirituellen Meister. Der heutige Tag ist wichtig. Jesus fordert mich auf, die Sorge um den morgigen Tag loszulassen. Allein der heutige Tag ist wichtig. Ihm soll ich mich zuwenden: »Sorgt euch also nicht um morgen; denn der morgige Tag wird für sich selbst sorgen.« (Mt 6,34) Die Sorgen für morgen beschweren den heutigen Tag. Es genügt, mich dem Heute zuzuwenden. Heute entscheidet es sich, ob ich lebe oder nicht, ob ich da bin oder nicht, ob ich mich auf diesen Menschen einlasse oder nicht, ob ich etwas anpacke oder nicht. Das Heute gut zu bewältigen, das ist genug Herausforderung für das Leben.

Beim Buch der Lebenskunst ist jeder selbst der Autor.

Zweiter Teil

Man braucht nicht viel

Hinführung

Was braucht man, um wirklich glücklich zu werden? Nicht viel, sagt der jüdische Religionsphilosoph Abraham J. Heschel. Eigentlich nichts, was nicht schon längst da wäre. »Gott, eine Seele und ein Augenblick. Diese drei sind immer da. Einfach da sein ist ein Segen, einfach nur leben ist heilig.« Rabbi Heschel war nicht nur ein großer Gelehrter. Er war auch ein weiser Lebenslehrer, der in einer klaren und doch fast poetischen Sprache auf den Punkt bringen konnte, was wichtig ist. Er ist überzeugt: Es sind nur diese drei Dinge, die für ein sinnvolles Leben entscheidend sind. Mehr braucht es nicht.

Nicht mehr als drei Dinge möchte auch ich in diesem Buch beschreiben. Ich glaube, dass sie für das Gelingen des Lebens genügen: Die Sorgen lassen. In Einklang mit sich selbst kommen. Und: Einfach leben. Diese Einstellungen oder Haltungen dem Leben gegenüber gehören zusammen, und sie bedingen einander auch.

Um in Einklang mit mir zu kommen, muss ich die Sorgen loslassen. Denn Sorgen haben es an sich, mich zu quälen. Sie drohen mich zu zerreißen. Sie hindern mich daran, mit mir eins zu werden. So muss ich sie loswerden, sie von mir werfen. »Einklang« und »einfach« haben dieselbe Wurzel. Es geht um das Eine und Einfache, um den einen Klang, der einfach tönt, und um die Kunst, die vielen Töne zu einem einzigen werden zu lassen. Wer in sich die vielen Töne zu einem einzigen Klang vereint, der ist einfach geworden, so wie die frühen Kirchenväter Einfachheit verstanden haben. Er ist in ihrem Verständnis letztlich eins geworden mit dem Urklang, eins geworden mit Gott, dem Ursprung allen Seins. Und aus diesem Einssein heraus lebt er einfach, als einer und als einfacher Mensch. Er ist in sich klar und lauter geworden, durchsichtig auf das Eine hin.

Abraham Heschel sagt von dem »Einfach-da-sein«, dass es ein Segen ist. Was ist damit gemeint? Wohl Folgendes: Wer einfach da ist, ohne Nebenabsichten, der ist für die Menschen, die ihm begegnen, ein Segen. Er muss, auch und gerade in schwierigen Situationen, für die anderen gar nicht viel tun. Er ist einfach da bei dem, der sein Dasein braucht, bei dem Kranken, der eines anderen bedarf. Er ist jemand, der einfach bei ihm aushält, ohne fromme Worte, ohne mit irgendwelchen Sinnsprüchen seine Krankheit zu deuten. Er ist einfach da bei dem Trauernden, der untröstlich ist und keine vertröstenden Worte erträgt. Wer verzweifelt ist möchte nur einen haben, der einfach da ist, ohne etwas zu sagen, ohne Erklärung, ohne Erwartungsdruck, dass die Trauer sich legen muss.

Wer einfach da ist, ohne zweckgerichtete Interessen, der ist auch ein Segen für die Schöpfung. Er ist im Einklang mit der Schöpfung. Er benützt sie nicht für sich, er beutet sie nicht aus. Er *ist* einfach, mit der Schöpfung und in ihr. Als Teil der Schöpfung blüht er als dieser einmalige Mensch auf. Er wird zum Segen für seine Umgebung.

Abraham Heschel schreibt dem einfachen Leben noch eine andere Qualität zu, die uns zunächst fremd anmutet: Heiligkeit. »Einfach nur leben ist heilig.« Wenn wir auf das Wort und seine Bedeutung näher hinhören, verstehen wir eher, was gemeint ist. Das deutsche Wort »heilig« kommt von »heil«, das »gesund, unversehrt, ganz, vollständig« bedeutet. Wer einfach lebt, der ist nicht zerrissen. Er ist heil und ganz. Er lebt mit allem, was er ist. Er lebt vollständig. Das lateinische Wort für »heilig« ist »sanctus«.

Es kommt von »sancire« – abgrenzen, der Welt entziehen. Das Heilige ist das, was der Welt entzogen ist, worüber die Welt keine Macht hat. Wer einfach lebt, der ist ganz bei sich. Er ist nicht von der Welt bestimmt. Er gehört sich selbst und er gehört Gott. Die Welt hat keine Macht über ihn. Das griechische Wort »hagios« meint etwas Ähnliches. »Hagios« führt im Deutschen zu »Gehege« und zu »behaglich«. Im heiligen Raum des Geheges fühle ich mich behaglich und geschützt. »Einfach nur leben ist heilig«, dieser Satz bedeutet für mich: Ich lebe ganz im Augenblick, ich lebe ganz in Gott. Das macht mich heilig. Das befreit mich von der Macht der Welt, von der Macht der Leidenschaften und Triebe, von der Macht der maßlosen Sucht nach Anerkennung und Erfolg. Dieses einfache Leben geschieht ihm Gehege, im Schutz Gottes. Dort ist es »behaglich«. Dort fühle ich mich daheim.

Heinrich Spaemann macht darauf aufmerksam, dass in der Bibel das Wort »heilig« zum ersten Mal in Verbindung mit dem siebten Schöpfungstag vorkommt. Gott heiligt den siebten Tag. »An ihm ruhte er von allem Werk, das er schuf.« (Gen 2,3) Die Heiligkeit des siebten Tages hat also in der Ruhe Gottes ihren tiefsten Grund. Ruhen meint Ausruhen von den Werken. Diese Ruhe ist heilig. In ihr bin ich frei von dem Drang, etwas leisten zu müssen. Ich kann das Dasein genießen. Ich bin einfach nur da. Das ist heilig: Wenn wir einfach nur leben, haben wir teil an der Sabbat ruhe Gottes. Da sind wir frei von aller Sorge. Da sind wir im Einklang mit uns selbst, mit Gott und mit dem Augenblick. So will uns das Loslassen der Sorgen in die Sabbatruhe Gottes führen, in ein Leben im Einklang mit uns selbst, in das »einfach nur leben«, das heilig ist. Nach dieser Ruhe, dieser inneren Zufriedenheit, sucht unser Herz. Und was anderes als diese Herzensruhe meint – zutiefst – Glück?

Lass die Sorgen

So wird das Leben gut

Sorge dich nicht – lebe einfach

Sprache ist verdichtete Erfahrung. Jedes Volk hat in seiner Sprache seiner Erfahrung Ausdruck verliehen. Wenn wir auf die Sprache hören, hören wir auch, was in dem Wort »Sorge« mitschwingt. Das griechische Wort für »Sorge« ist »merimna«. Es bedeutet: das besorgende Sich-Kümmern um etwas, die bange Erwartung von etwas, die Angst um etwas. Die Sorge hat also mit Zukunft zu tun und immer auch mit der Angst vor dem, was kommen könnte. Aus Angst macht man sich Sorgen. Das deutsche Wort »Sorge« hat die Grundbedeutung von »Kummer, Gram«. Und es ist verwandt mit der Wurzel »serg«, die auch Krankheit bedeutet. Wenn eine Mutter sagt, sie mache sich Sorgen um ihren Sohn, dann ist sie voller Kummer. Und manchmal kann sie krank werden vor lauter Sorgen.

Wie können wir uns vor krankmachender Sorge bewahren? Es gibt einen Satz, der in unserer auf Sicherheit bedachten Gesellschaft provozierend wirken muss: »Sorgt euch nicht um euer Leben und darum, dass ihr etwas zu essen habt, noch um euren Leib und darum, dass ihr etwas anzuziehen habt.« (Mt 6,25) Jesus sagt diesen Satz in seiner Bergpredigt. Er verweist uns auf die Vögel des Himmels und die Lilien des Feldes, für die Gott selbst sorgt. Was heißt das – in einer Gesellschaft, die sich selbst als »Risikogesellschaft« bezeichnet und in der die Versicherungsbranche mit ihren »Rundum-sorglos-Angeboten« boomt? Und ist nicht alles auch eine Frage der Verantwortung? Der Familienvater muss für seine Familie sorgen, damit die Kinder studieren können oder eine Ausbildung bekommen. Jeder muss für das Alter vorsorgen. Ist die Forderung Jesu also unrealistisch? Jesus will sicher nicht, dass wir nur in den Tag hinein leben und keine Verantwortung für unser Leben übernehmen. Aber er lädt uns zu einer anderen

Sichtweise ein, wenn er einlädt, unser Leben in Dankbarkeit zu verbringen und im Vertrauen, dass Gott für uns sorgt. Als Grund gibt er an: »Wer von euch kann mit all seiner Sorge sein Leben auch nur um eine kleine Zeitspanne verlängern?« (Mt 6,27) Lebe dein Leben im Einklang mit dir und mit Gott. Dann wird es ein gutes Leben.

Durch das Schlüsselloch

Verdrängen hilft in der Regel nicht. Man kann zwar versuchen, die Tür hinter den Problemen zuzumachen, aber das nützt nichts. Goethe hat das sehr genau gesehen: »Die Sorge, sie schleicht sich durchs Schlüsselloch ein.« Es ist nicht so leicht, sich vor der Sorge zu schützen. Ich kann versuchen, mit dem Verstand die Sorgen, die ich mir etwa um die Reise meines Freundes mache, zu vertreiben. Ich kann die Kinder loslassen und mit ihnen die Sorgen um sie. Doch die Sorge lässt sich nicht so leicht wegwischen. Wenn ich glaube, ich hätte die Türen meines Lebenshauses vor der Sorge gut verschlossen, so schleicht sie sich durchs Schlüsselloch wieder ein. Ich überlasse am Abend meine Sorgen Gott. Doch wenn ich morgens aufwache, ist die Sorge wieder da. Sie hat sich vielleicht heimlich im Traum in mich ein geschlichen. Es gibt solche Einfallschneisen oder »Schlüssellöcher, durch die unsere Seele zugänglich und offen ist. Ich kann die Sorge nicht ein für alle mal aussperren. Ich muss sie immer wieder bitten, mein Haus zu verlassen. Aber ich weiß, ich werde sie nie ganz los. Vielleicht hilft es, die Perspektive zu wechseln?

Goethe zeigt in folgendem Doppelvers eine andere Sichtweise über die Sorge:

»Willst du mich nicht glücklich lassen,
Sorge, nun so mach mich klug.«

Dahinter steht die Erfahrung: Die Sorge lässt mich mein Glück nicht genießen. Da ich sie nie ganz ausschließen kann aus dem Haus meiner Seele, soll sie wenigstens eine positive Aufgabe in meinem Seelenhaushalt übernehmen. Sie soll mir Klugheit schenken. Die Sorge kann mich lehren, gut aufzupassen, dass mein

Lebensglück nicht zerstört wird. Wenn die Sorge mich zur Klugheit führt, dann hat sie ihre Lebensaufgabe erfüllt. Sie erinnert mich immer wieder daran, mein Lebenshaus auf festen Grund zu bauen und nicht auf den Sand von Illusionen. Das ist übrigens für Jesus der Sinn der Klugheit. Der kluge Mann baut sein Haus auf den Felsen und nicht auf den Sand. Die Sorge war für Goethe offensichtlich die Lehrmeisterin der Klugheit. Wir können von ihm lernen, wenn die Sorgen wieder einmal vor unserer Tür – oder schon mitten in unserem Haus – stehen.

Wo liegt das Problem?

Innere Unruhe ist der tiefste Grund und nicht nur eine Begleiterscheinung der Sorge. Die stoische Philosophie strebte deswegen danach, den Menschen zur inneren Ruhe zu führen. Sie wollte den Menschen auch von unnützen Sorgen befreien. Epiktet, ein wichtiger Vertreter der stoischen Lehre, der auch gerne von den frühen Mönchen zitiert wurde, stellte die Behauptung auf: »Was uns Menschen beunruhigt, sind nicht die Dinge, sondern unsere Urteile über die Dinge.« Wir sorgen uns zum Beispiel, ob es morgen beim Ausflug regnet. Doch der Regen muss uns nicht beunruhigen. Es kommt auf unser Urteil über den Regen an. Wenn wir ihn positiv sehen, dann kann ein Ausflug auch im Regen gelingen. Oder wir sind voller Unruhe, ob die Entscheidung, die wir getroffen haben, richtig war oder nicht. Doch nicht die Entscheidung ist das Problem, sondern unsere Deutung. Wenn wir uns von einem Ideal her definieren, nämlich dass unsere Entscheidungen immer absolut richtig sein müssen, dann sind wir ständig in Sorge. Wenn wir aber nach bestem Wissen und Gewissen entscheiden und alles andere Gott überlassen, verliert sich die Sorge.

Der Türöffner

Die Angst ist die Schwester der Sorge. Wir machen uns viele Sorgen, weil wir Angst haben, es könnte etwas eintreten, was uns überfordert. Ein chinesisches Sprichwort besagt, dass die Angst an die Tür unserer Seele klopft: »Die Angst klopft an die Tür. Das Vertrauen öffnet. Niemand steht draußen.« Die meisten werden die Sorge an die Tür schicken, um zu öffnen. Das Klopfen der Angst verdrängt in uns allzu oft das Vertrauen. Es traut sich nicht an die Tür. Das Sprichwort will uns einladen, das Vertrauen, das trotz aller Angst auch in uns ist, öffnen zu lassen. Keiner von uns hat nur Angst, keiner hat nur Vertrauen. Wir haben immer beides. Es ist unsere Entscheidung, wen wir zum Türöffner machen. Wenn das Vertrauen öffnet, werden wir die befreiende Erfahrung machen können, dass niemand draußen steht. Es war nur die Angst unserer Seele, aber niemand in der realen Welt, der da an unsere Tür geklopft hat.

Verleidetes Leben

Es gibt drei Sorten von Menschen: solche, die sich zu Tode sorgen; solche, die sich zu Tode arbeiten; und solche, die sich zu Tode langweilen.« Die Ironie dieses Satzes von Winston Churchill besteht darin, dass natürlich jeder weiß: Wie sehr wir uns auch mühen und abrackern und wie auch immer unsere Einstellung zum Dasein ist – wir alle werden sterben müssen, auf jeden Fall. Die Frage ist, wie wir die Zeit bis zum Tod gestalten. Wir können sie mit Sorgen, mit Arbeit oder mit Langeweile verbringen. Churchill selber war weder ein Grübler noch von Langeweile zerfressen. »Ich bin zu beschäftigt. Ich habe keine Zeit, mir Sorgen zu machen«, hat er einmal angemerkt. Aber das, was er gesagt hat, stimmt. Man kann sich wirklich zu Tode sorgen. Denn Sorgen, Arbeiten und Langeweile können auch in einem übertragenen Sinne direkt zum Tode führen: Wir können uns mit Sorgen das Leben verleiden und unser Leben hier schon abwürgen. Und wir können so viel arbeiten und uns so viel sorgen, dass wir ein frühes Sterben damit verursachen. Weder übertriebene Sorge noch zu viel Arbeit und vor allem nicht die Leere der Langeweile sind erstrebenswert, sondern ein angemessenes Leben, ein Sorgen und Arbeiten, das unserem Maß entspricht.

Gesundheitswahn

Viele sind heute um ihre Gesundheit besorgt. Sie haben Angst, sie könnten Krebs bekommen oder einen Herzinfarkt erleiden. So kreisen sie um ihre Gesundheit und leben am Leben vorbei. Es ist sicher gut, sich um seine Gesundheit zu kümmern. Doch wenn die Gesundheit zur Ersatzreligion wird, wird die Sorge ein Ausmaß annehmen, das uns nicht mehr gut tun und auch unserer Gesundheit letztlich schadet. Menschen, bei denen sich alles um ihre Gesundheit dreht, werden erst recht krank. Die Sorgen zu lassen ist das beste Lebenselixier. Es dient unserer Gesundheit besser als das ängstliche Schauen, ob wir wirklich noch gesund sind. »Die meisten Menschen haben solche Angst zu sterben, dass sie ganz darauf gerichtet sind, den Tod zu vermeiden und dabei nie richtig leben.« Das hat Anthony de Mello gesagt. Die Angst vor dem Tod kann uns am Leben hindern. Dabei sollten wir nicht vergessen, was ein großer Arzt einmal mit leichtem Spott bemerkte: »Schließlich sterben wir alle nicht, weil wir krank sind, sondern weil wir leben.«

Falsche Opfer

Es gibt eine große Gefahr für unsere Gesundheit: Wir sind so vom Ehrgeiz getrieben, dass wir gar mehr nicht auf unseren Leib und unsere Seele achten. Das betrifft nicht nur die Spitzensportler, die ihren Körper durch Doping ruinieren, weil sie die Besten sein wollen. Wenn unser Körper rebelliert, zwingen auch wir ihn oft genug durch Medikamente wieder zu Höchstleistungen. Wir opfern unsere Gesundheit auf dem Altar unseres Ehrgeizes. Der deutsche Philosoph Arthur Schopenhauer hat davor schon vor über 150 Jahren gewarnt: »Die größte aller Torheiten ist, seine Gesundheit aufzu opfern, für was es auch sei, für Erwerb, für Be förderung, für Gelehrsamkeit, für Ruhm.« Es sind die gleichen Ziele, für die auch heute Menschen ihre Gesundheit aufs Spiel setzen. Weil ihnen ihre Karriere wichtiger ist als das Maß, das für sie angemessen ist, nehmen sie in Kauf, dass sie an der Belastung krank werden. Gerade in Situationen der Überforderung braucht es das weise Maß, das der hl. Benedikt von seinen Mönchen fordert. Alles mit Maß zu ordnen heißt, die Extreme der Aufgeregtheit und Ängstlichkeit, des Argwohns und der Eifersucht zu meiden. Nur wer sein Maß und die Möglichkeiten – die eigenen und die der anderen – kennt, teilt seine Kräfte richtig ein. Nur wenn ich meine Grenzen nicht überschreite, werde ich zur inneren Ausgeglichenheit und zum Einklang mit mir selber kommen.

Die Falle

Wir machen uns Sorgen um uns selbst: um unsere Gesundheit, unser Ansehen bei anderen Menschen, unsere Zukunft in schwierigen Zeiten. Und wir machen uns auch Sorgen um die Menschen um uns herum. Es ist verständlich, dass sich Eltern um ihre Kinder sorgen, wenn sie nicht die Wege gehen, die sie sich vorgestellt haben. Aber es gibt auch Menschen, die überall, wo sie sind, sich sofort um die anderen sorgen. Manchmal sieht das nach Nächstenliebe aus. Doch es kann auch eine Falle sein. Teresa von Avila wusste um diese Falle. Von ihr stammt das ungewöhnliche Gebet: »Erlöse mich von der großen Leidenschaft, die Angelegenheiten anderer ordnen zu wollen.« Teresa hatte offensichtlich die Tendenz, das Leben anderer in Ordnung zu bringen. Jesus verweist sie auf sich selbst. Sie soll vertrauen, dass Gott auch für die anderen sorgt. Sie muss nicht alles selbst erledigen. Vor allem weiß sie gar nicht, ob die anderen das überhaupt wollen, dass sie über ihre Köpfe hinweg Verantwortung übernimmt.

Jeder muss für sich selber sorgen. Wir können Menschen begleiten. Aber ihr Leben müssen sie schon selbst in Ordnung bringen. Teresas Haltung ermuntert uns bei aller Anteilnahme am Schicksal anderer zur Gelassenheit. Auch in dieser Hinsicht können Heilige Vorbild für unseren heutigen Alltag sein.

Seelenmüll

Wir machen uns um vieles Sorgen. Und oft schlägt die Sorge in Kummer und Gram um, die uns belasten. Der Humorist Mark Twain hat da seine eigene Erfahrung gemacht: »Ich bin ein alter Mann und habe viel Kummer gesehen, aber das meiste davon ist nie passiert.« Mark Twain hat viele Menschen erlebt, die sich den Kopf zerbrochen haben, was ihr Leben zerstören könnte und was sie überfordern würde. Doch oft genug entsprach dem Kummer in den Herzen der Menschen keine objektive Tatsache. Das deutsche Wort »Kummer« kommt vom mittelhochdeutschen »kumber«, das »Schutt, Müll, Mühsal« bedeutet. Im Kummer belastet uns viel seelischer Schutt. Doch dem seelischen Müll entspricht oft kein Schutthaufen draußen in der wirklichen Welt. Wir denken uns vielmehr die Hindernisse aus, die sich uns in den Weg legen könnten. Lachen befreit – auch von der Fixierung auf eigene Ängste. Vielleicht sind sie nur ein Phantom. Die Erfahrung von Mark Twain könnte uns die Augen dafür öffnen. Vielleicht lassen wir umsonst das Herz mit Kummer belasten. Lassen wir unnötige Ängste da, wo sie hingehören – auf dem Müll.

Sorgen können schwimmen

»Sorgen, das sind schlimme Gäste,
kleben zähe, sitzen feste.«

Das hat der Dichter Otto Julius Bierbaum einmal konstatiert. Es gibt verschiedene Möglichkeiten mit solchen Gästen umzugehen. Viele können ihre Probleme nicht aushalten und sich mit der Dauerpräsenz solcher Belastungen nicht abfinden. Sie stellen sich ihnen nicht, sondern möchten sie vernebeln oder im Alkohol ertränken. Der Schauspieler Heinz Rühmann warnte vor dieser Methode. Sie ist unwirksam: »Sorgen kann man nicht in Alkohol ertränken – Sorgen können schwimmen.« Es braucht andere Wege. Wer sie mit Alkohol verdrängen will, bekommt neue Sorgen. Er wird von der Angst geplagt, abhängig zu werden vom Alkohol und dann seine Arbeit zu verlieren oder in seinem ganzen Lebenskonzept zu scheitern. Die Angst will er wieder mit Alkohol unterdrücken. Doch dann entsteht ein Teufelskreis, der ihn in immer größere Sorgen und Ängste hineinführt. Ein wirkungsvoller Weg ist, den Sorgen mutig ins Auge zu schauen und sie Gott hinzuhalten. So finden wir den Weg, mit den Sorgen angemessen umzugehen, ohne uns von ihnen bestimmen zu lassen.

Ein anderer Weg ist, aktiv mit Problemen umzugehen.

Otto Julius Bierbaum rät lakonisch:

»Musst ihnen nur hurtig den Rücken drehn;
Wenn sie dich bei der Arbeit sehn,
bleibt ihnen nichts übrig, als weiter zu gehn.«

Großer Wurf

Kein Leben verläuft nur wunschgemäß oder genau nach den Plänen, die wir uns machen. Und immer wieder erfahren wir: Wir haben nicht alles in der Hand, so sehr wir uns auch anstrengen mögen. Es gibt Phasen im Leben, in denen uns die Probleme geradezu erdrücken und trotz all unserer Bemühungen Lösungen nicht in Sicht sind. Zu allen Zeiten hat es das gegeben. So ist unser Leben nun einmal. Auch die Bibel erzählt davon – und sie gibt auch einen Rat, wie damit umzugehen ist. »Wirf deine Sorge auf den Herrn, er hält dich aufrecht!«, so heißt es in Psalm 55,23. Der Psalmist rechnet damit, dass wir voller Sorgen sind. Aber er verzweifelt nicht über dieser Realität. Seine Empfehlung: Wir sollen nicht um die Sorgen kreisen. Wir sollen sie auf den Herrn werfen. Es ist ein schönes Bild. Wir sollen die Sorgen nicht einfach abtun oder wegwerfen, sondern sie gezielt auf Gott werfen. Wir sollen Gott mir unseren Sorgen buchstäblich bewerfen. Im Werfen steckt beides: Aggression, aber zugleich Befreiung. Wenn ich einen Stein voller Kraft wegwerfe, fühle ich mich freier. So – sagt der Psalmist – soll ich meine Sorgen anschauen und dann auf Gott werfen. Der Lohn solchen Werfens ist, dass ich aufrechter stehen kann. Gott selbst hält mich aufrecht. Ich bekomme neues Stehvermögen. Wer sich sorgt, der kann nicht ruhig stehen bleiben. Er ist immer unruhig unterwegs. Und wenn er zum Stehen kommt, dann tippelt er herum. Das Loslassen der Sorgen ist eine Bedingung, um aufrecht zu stehen, um zu sich zu stehen und um etwas durchzustehen.

Was hilft uns unser Weh und Ach?

Im Jahre 1657 hat Georg Neumark ein berühmt gewordenes Lied gedichtet und vertont. Es wird noch heute gerne gesungen, weil Menschen sich über die Zeiten hinweg in Text und Melodie wiederfinden: »Wer nur den lieben Gott lässt walten.« Die zweite Strophe dieses Liedes beginnt mit den Worten: »Was helfen uns die schweren Sorgen, was hilft uns unser Weh und Ach? Was hilft es, dass wir alle Morgen beseufzen unser Ungemach?« Als Heilmittel gegen die kummervollen Sorgen rät uns der Dichter: »Sing, bet und geh auf Gottes Wegen, verricht das Deine nur getreu!« Statt mich mit Sorgen zu quälen, soll ich einfach das tun, was heute von mir gefordert wird. Und ich soll jeden Tag mein Gebet verrichten und Gott im Singen preisen. Dann werden die Sorgen nicht überhand nehmen. Das ist der Rat Georg Neumarks, dessen Lied wohl auch deswegen so populär geworden ist, weil sich viele mit ihrer Lebenserfahrung darin wiederfinden. Man könnte eine noch viel ältere christliche Lebensregel anführen, die Ähnliches rät: das benediktinische Motto »Bete und arbeite«. Auch dies ist ein Heilmittel gegen die schweren Sorgen. Ruhige und tatkräftige Aktivität und gelassenes Sich-Anvertrauen sind, wenn sie zusammenkommen, eine gute Methode, um besser, sorgenfreier, durchs Leben zu kommen.

Wenn es dunkel wird und kalt

Ingeborg Bachmann fragt in einem Gedicht (»Reklame«, 1956):

»wohin aber gehen wir
ohne sorge sei ohne sorge
wenn es dunkel und wenn es kalt wird
sei ohne sorge
aber
mit musik
was sollen wir tun«

Sie zitiert in diesen Versen mehrere Male das Wort Jesu »Sei ohne Sorge«. Aber sie hält dieses Wort Jesu in die Dunkelheit und Kälte unseres Lebens. Trägt das Wort Jesu, wenn alles in uns dunkel wird und wenn die Kälte nach unserem Herzen greift? Ingeborg Bachmann verweist auf die Musik. Sie ist für sie der Ort, an dem wir mitten in der Dunkelheit und Kälte unseres Lebens etwas von der Sorglosigkeit erahnen, von der Jesus spricht. Mozart hat in seiner Musik diese Sorglosigkeit zum Ausdruck gebracht. Aber er hat uns keine heile Welt vorgegaukelt. Er lässt die Sorglosigkeit mitten in den Ängsten und Abgründen der menschlichen Seele erklingen. Diese Sorglosigkeit ist der Ort, an den wir in der finsteren Kälte gehen können, an dem uns Heimat und Geborgenheit, Wärme und Licht entgegen strömen.

Der Ernstfall des Lebens

Unserem normalen Sprachverständnis nachweist »Sorge« auf Kummer und Gram hin. Doch hat Sorge, wenn wir genauer hinhören, auch eine positive Bedeutung: Wir »sorgen« für einen Menschen und zeigen ihm dadurch unsere Zuneigung. Oder wir werden »umsorgt«. Wir gehen »sorgsam« mit den Dingen unseres Alltags um. Je mehr wir eine Sache schätzen oder lieben, desto mehr Sorgfalt lassen wir ihr angedeihen. Wir prüfen sorgfältig einen Sachverhalt, damit wir auch wirklich eine gute Lösung finden. Und alle würden darin übereinstimmen: Ohne Fürsorge kommt unsere Gesellschaft nicht aus. »Für jemand sorgen zu dürfen – auch das ist eine Erfahrung des Glücks.« Regina Ammicht-Quinn hat das gesagt, die Glück den Ernstfall des Lebens nennt und damit kritisch ist gegen jedes allzu seichte Verständnis von Glück. Für sie kann die Sorge sogar ein entscheidender Weg zum Glück werden: *Sorge um* jemanden ist etwas ganz anderes als Sorge *für* jemanden. Eine solche Sorge schafft Raum für sinnvolles Leben. Sie steht für ein Leben in Verbindung mit dem, »woran unser Herz hängt«. Hier geht es nicht um eine Sorge aus Angst, sondern um eine Sorge aus Liebe. Weil ich jemanden liebe, sorge ich für ihn. Ich besorge ihm, was er fürs Leben braucht. Ich versorge ihn mit dem Notwendigen und bin gleichzeitig selber erfüllt von dem, was ich tue. Die Mutter sorgt gerne für ihre Kinder. Und die Kinder erfahren in der Sorge der Mutter ihre Liebe. Und ist es nicht wunderbar, ja ein Glück, zu wissen, dass wir in Beziehungen zu anderen stehen, zu Menschen, die uns tragen und denen wir eine Hilfe sein dürfen?

Die rechte Sorge

Viele klagen heute über den Verfall der Werte. Die Menschen denken egoistisch nur an ihr eigenes Wohl, die Not und die Sorgen der anderen lassen sie nicht an sich herankommen. Das kritisieren die einen. Andere wieder sprechen abfällig vom »Versorgungsstaat«. Sie sehen die Gefahr, dass sich Menschen nur auf den Staat verlassen und nicht mehr selbst für sich und ihre Zukunft sorgen.

Beide Kritiker sehen etwas Richtiges. Die einzelnen Menschen sind heute, viel mehr als früher, auf sich selbst angewiesen. Sie müssen für sich selber Sorge tragen und Verantwortung übernehmen. Das kann dazu führen, dass die Not der anderen übersehen wird. Die Grenzen zwischen der Vorsorge und Fürsorge für sich selber und dem, was wir anderen, den eigenen Kindern und den eigenen Eltern, aber auch der Gemeinschaft an Solidarität und Fürsorge schulden, sind oft nicht ganz einfach zu bestimmen. Es gibt sie ja auch wirklich, diese Menschen, die immer darauf vertrauen, dass andere – und sei es der Staat – ihre Probleme schon lösen werden. Sie bleiben gleichsam im Zustand des Kindes hängen und lassen sich von der »großen Mutter« Staat versorgen. Wir dürfen dankbar sein, wenn die Mutter für uns sorgt und uns versorgt. Aber wenn wir erwachsen werden, müssen wir für uns selber sorgen. Die Sorge für sich selbst ist dann Zeichen der inneren Freiheit. Ich sorge für mich, indem ich mir die Zeit nehme, die ich brauche, indem ich die nötigen Lebensmittel einkaufe und meine Wohnung sauber halte.

Ich kenne Menschen, die vor lauter Arbeit die Sorge um ihre eigene Person vernachlässigen. Diese Vernachlässigung spiegelt sich in dem leeren Kühlschrank wider, vor dem sie am Wochenende stehen. Wissen, was für einen gut ist, ist wichtig.

Die rechte Sorge für sich selbst ist Ausdruck der Selbstliebe. Aber wichtig ist es auch, nicht aus dem zu Blick verlieren, was anderen gut tut und was für das Wohl des Ganzen wichtig ist.

Sorgen und umsorgen

Oft machen wir uns Sorgen, ob wir bei den Menschen gut ankommen, ob das, was wir tun, vor ihrem Urteil bestehen kann. Der Evangelist Lukas erzählt uns hierzu eine klassische Geschichte. Die Geschichte der Schwestern Marta und Maria spricht auch von uns. Jeder von uns hat beides in sich: die Marta, die sich um die Gäste sorgt und besorgt ist, dass sie auch eine gute Gastgeberin ist; und Maria, die einfach bei den Gästen ist und hört, was sie zu sagen haben. Die Marta ist in uns oft die Stärkere. Sie kann schließlich vorweisen, was sie alles schafft, leistet und managt. Wir trauen uns oft nicht, der Maria in uns zu folgen. Alle Besorgungen und alle Sorgen einmal beiseite lassen, einfach nur dasitzen und zuhören. »Das ist doch nur Zeitverschwendung«: gegen solche Zweifel und Selbstvorwürfe greift Jesus ein. Er gibt der Maria in uns Recht. Zu Marta sagt er: »Marta, Marta, du machst dir viele Sorgen und Mühen.« (Lk 10,41) Sein Hinweis: Es ist gut, dass Marta die Gäste bewirtet. Aber sie muss sich keine Sorgen machen, ob sie es auch gut genug tut. Wir brauchen auch die Maria in uns, die einfach hört, was der Gast zu sagen hat. Dann spürt sie übrigens auch, was er wirklich braucht. Und das ist meistens sowieso nur unsere ungeteilte Aufmerksamkeit und Zuwendung.

Für mich ist gesorgt

Ich bin arm und gebeugt; der Herr aber sorgt für mich.« (Ps 40,18) Das ist keine wohlfeile und wirklichkeitsfremde fromme Phrase. Das hat nichts mit unserer modernen »Versorgungsmentalität« zu tun. Und es nimmt nichts weg von der realen Situation. Aber der Psalmist ist überzeugt: Nicht ich muss für mich sorgen. Gott selbst sorgt für mich. Dieses Vertrauen bestimmt auch das Neue Testament. Aus diesem Vertrauen heraus fordert Paulus die Philipper auf: »Sorgt euch um nichts, sondern bringt in jeder Lage betend und flehend eure Bitten mit Dank vor Gott!« (Phil 4,6) Er schreibt das aus dem Gefängnis. Er weiß nicht, ob er je wieder frei kommen wird. Aber Paulus weiß von der Grundhaltung des Psalmisten. Der Mensch voller Sorgen soll seine Situation, um die er sich sorgt, im Gebet vor Gott bringen. Dann wird seine eigene Last, seine eigene Not geringer. Dann weiß er sich von Gott getragen, selbst wenn er im Kerker sitzt und um sein Leben fürchten muss. Dieser Brief des Paulus spricht uns über die Jahrhunderte hinweg unmittelbar an: Wir sollen über unsere Situation nicht einfach hinwegsehen. Doch wir sollen uns auch nicht darauf fixieren und immer nur darum kreisen. Indem wir sie vor Gott bringen, hören wir auf, uns um uns zu sorgen.

Ärgere dich nicht

Sorgen machen Stress. Aber hinter mancher Sorge um andere Menschen, die als Ärger daherkommt, steckt oft etwas anderes. Als man den Stressforscher Derek Roger fragte, wie man Ärger vermeiden oder vom Ärger frei werden könne, antwortete er: »Die Erkenntnis, dass eigentlich nichts wichtig genug ist, sich darüber aufzuregen.« Ich kenne Menschen, die sich ständig über andere aufregen. Da ist eine Frau, die sich über ihre Kollegin aufregt, weil sie heute dieses Kleid anhat, und über eine andere, weil sie diese Frisur trägt. Die Aufregung ist unbegründet. Die Kollegin darf doch dieses Kleid anhaben und die andere ihre Frisur. Wenn ich mich aufrege, hängt es immer mit dem eigenen engen Herzen zusammen. Ich bin nicht bei mir, sondern bei den anderen. Neulich schrieb mir jemand voller Vorwürfe, weil ich mich nicht über einen Satz eines bestimmten Psychologen empören würde. Er war offensichtlich der Meinung, dass ich mich über alles empören müsse, was nicht meiner Meinung entspricht. Gegen diese Unkultur der ständigen Empörung setzen die Weisen aller Welt auf die Erkenntnis, dass wir bei uns selbst bleiben und die anderen lassen, wie sie sind.

Der Fehlerfriedhof

Wir kreisen in unseren Gedanken oft um die Fehler der anderen. Wir regen uns auf, wenn ein Freund unseren Geburtstag vergisst oder wenn er im Gespräch nicht richtig zuhört. Wir können dann tagelang über unsere Verletztheit reden und uns immer mehr hineinsteigern in den Ärger über den unsensiblen Freund oder die treulose Freundin. Ein wichtiger Aspekt des Loslassens ist das Verzeihen: Anstatt dem anderen seine Fehler nachzutragen, vergeben wir sie, lassen wir sie los, lassen wir sie bei ihm. Henry Ward Beecher, ein amerikanischer Geistlicher, der sich auch sehr aktiv für die Abschaffung der Todesstrafe in seinem Land eingesetzt hat, hat die heilende Wirkung des Verzeihens in einem schönen Bild zum Ausdruck gebracht: »Jeder Mensch sollte einen nicht zu kleinen Friedhof besitzen, auf dem er die Fehler seiner Freunde begräbt.« Was begraben ist, sollen wir im Grab lassen und nicht ständig darin herumwühlen. Manchmal träumen wir vom Grab. Das ist immer eine Mahnung, sich von Altem zu verabschieden und loszulassen.

Einladung

Wir meinen in aller Regel, der andere sei schuld, wenn wir uns über ihn ärgern. Der jüdische Rabbi Charles Klein dreht die Perspektive um – auf uns selber: »Jeder, der dich ärgert, besiegt dich.« Dass wir uns über einen anderen ärgern, können wir kaum verhindern. Aber wenn wir dem Ärger in uns zu viel Raum lassen, geben wir dem anderen Macht über uns. Der andere bestimmt unsere Stimmung. Wir lassen uns von ihm besiegen. Es hat wenig Sinn, den Ärger zu unterdrücken. Manche wollen ihren Ärger sofort loswerden. Aber was ich loswerden will, das wird mich nachträglich verfolgen. Auch hier geht es darum, loszulassen. Loslassen kann ich aber nur, was ich angenommen und angeschaut habe. Wenn ich den Ärger bewusst wahrnehme, dann kann ich mich auch von ihm distanzieren. Ich beschimpfe meinen Ärger nicht. Ich schaue ihn an und spreche mit ihm: »Da bist du wieder. Ich kenne dich. Du regst dich auf über den anderen. Lass ihn doch. Er darf doch so sein, wie er ist. Lebe du jetzt in diesem Augenblick ganz für dich.« So wird der Ärger eine Einladung, mich selber zu spüren und ganz im Einklang mit mir zu sein.

Wie der Vogel singt

Viele junge Menschen leiden heute an Perspektivlosigkeit. Das hat auch seelische Konsequenzen. Depressionen nehmen gerade bei Jugendlichen immer mehr zu. Johannes Bosco war ein charismatischer Seelsorger, ein Freund gerade »schwieriger« Jugendlicher im Turin des 19. Jahrhunderts. Die Probleme der Jugendlichen seiner Zeit waren sicher andere als die der Gegenwart. Trotzdem ist er ein bleibendes Vorbild darin, wie er jungen Menschen begegnete. Sein soziales Gewissen, seine Einfühlungskraft in andere, vor allem auch seine optimistische Lebenseinstellung hat die jungen Menschen angezogen. Dieser Seelsorger setzte als Erzieher auch schwieriger junger Menschen nicht auf Zwangsmittel oder Strafen. Er setzte auf Liebe und Vertrauen. Er hat das Wort Jesu von der Sorglosigkeit verstanden. Jesus verweist auf das Vertrauen der Vögel. Sie singen einfach und vertrauen darauf, dass Gott sie nährt. Daraus formuliert Don Bosco seinen Rat: »Machs wie der Vogel, der nicht aufhört zu singen, auch wenn der Ast bricht. Denn er weiß, dass er Flügel hat.« Realismus und Bodenhaftung sind wichtig. Aber manchmal bräuchten wir auch etwas von der Leichtigkeit des Vogels. Er singt, auch wenn der Ast, auf dem er sitzt, bricht. Wie der Vogel, so hat auch unsere Seele Flügel. Sie kann uns über die alltäglichen Probleme hinweghelfen. Sie beflügelt uns und hilft so, alles von einer anderen Warte aus zu betrachten. Dann relativieren sich unsere Sorgen und Ängste. Mitten in unserer Angst, dass der Boden, auf dem wir stehen, schwankt, erheben wir uns mit unserer Seele zum Himmel. Dort kann uns die Angst nicht mehr erreichen. Der Rat zur Gelassenheit, der zu einem geflügelten Wort geworden ist, stammt ebenfalls von Don Bosco: »Fröhlich sein und die Spatzen pfeifen lassen!«

Das gibt sich

Johann Wolfgang von Goethe spricht in einem kleinen Gedicht eine Erfahrung an, die sehr leicht daherkommt und doch das Schwere nicht ausschließt:

»Lass nur die Sorge sein,
Das gibt sich alles schon!
Und fällt der Himmel ein,
Kommt doch eine Lerche davon.«

Goethe hat die Sorglosigkeit der Vögel als Bild für unser Leben verstanden und in ihnen die Fähigkeit symbolisiert, sich über die Dinge zu erheben, die uns Angst machen und bedrohen. War es bei Don Bosco der Ast, der unter uns abbrechen kann, so ist es für Goethe der Himmel, der über uns einfallen kann. Der Vogel hat weder den Ast nötig, auf dem er sitzt, noch den Himmel, der über ihm zusammenbrechen kann. Er ist frei. Er fliegt dorthin, wo er Raum hat. Selbst wenn das Lebensgebäude, das wir mühsam errichtet haben, einstürzt und zusammenkracht, die Seele ist an diese Äußerlichkeiten nicht gebunden. Sie ist wie ein Vogel, die all dem entkommen kann.

Keine leichte Kunst

Manchmal erlebe ich Menschen, die sich an sich selbst festhalten. Sie meinen, alles loslassen zu können. Aber ihre herabhängenden Schultern zeigen, dass dem nicht so ist: Sie sind innerlich gefangen. Oft braucht es lange, bis sie wirklich loslassen können. Loslassen ist eine befreiende Kunst. Denn das Festhalten bindet und blockiert uns. »Ich muss loslassen, woran ich mich geklammert hatte. Solange ich diese Tatsache als Verlust für mich auffasste, war ich unglücklich. Aber sobald ich sie unter dem Aspekt betrachtete, dass Leben im Loslassen und im Tod befreit wird, kam ein tiefer Friede über meinen Geist.« Rabindranath Tagore, der diese Einsicht formuliert hat, weiß: Wenn wir uns zu sehr an etwas klammern, werden wir handlungsunfähig. Wenn wir zu gierig etwas haben wollen, sind wir gefangen. Uns sind die Hände gebunden. Loslassen hingegen ist ein Akt der inneren Befreiung.

Loslassen kann tatsächlich manchmal ganz schön schwierig sein, und Gelassenheit ist eine Kunst, die keinem in den Schoß fällt. Eine Kunst muss man erlernen. Das ist oft – und keineswegs nur für junge Menschen – nicht ganz einfach. Es klingt etwas eigenartig, dass man für die Gelassenheit etwas tun sollte. Es doch kein Tun, sondern ein Lassen. Aber gerade das Lassen im Tun zu üben, ist die eigentliche Kunst. Ich wünsche gerade den Menschen, die viel zu tun haben, diese Kunst. Sie besteht darin, etwas einfach geschehen zu lassen. Was wir verbissen tun, wird keinen Segen bringen. Was in Gelassenheit geschieht, das lässt der, für den es geschieht, auch lieber in sich ein. Er wird sich daran nicht verbeißen, sondern das Gelassene auf seiner Zunge zergehen lassen. Und sich daran erfreuen.

Das Gegenprogramm

Zum Loslassen gehört auch, sich von seinen eigenen Größenphantasien zu befreien. Viele Menschen sind todunglücklich, weil sie an ihren Illusionen von sich selbst festhalten. Sie halten an dem Wunschbild fest, wichtig zu sein, der beste, der spirituellste, der intelligenteste Mensch zu sein. Giuseppe Roncalli, der spätere Papst Johannes XXIII., hat diese Versuchung, an Illusionen festzuhalten, offensichtlich auch gekannt. Aber er hat für sich ein Gegenprogramm entwickelt: »Das Bewusstsein meiner Unzulänglichkeit erhält mich in der Einfachheit und erspart es mir, lächerlich zu werden.« Und ein anderes Mal spricht er sich selber an: »Giovanni, nimm dich nicht so wichtig!« In solchen Sätzen spüren wir eine erlösende Menschlichkeit. Er war, von außen betrachtet, in hohen Würden. Aber er musste sich nicht anstrengen, das Ideal der Gelassenheit und Einfachheit zu erfüllen. Das Wissen um seine eigene Unzulänglichkeit hat ihn von alleine zu dieser Einfachheit und Klarheit geführt. Wer um sich weiß und sich von Illusionen verabschiedet, der ist vor der Gefahr geschützt, lächerlich zu werden, sobald diese Illusionen von anderen zerstört werden.

Sag einfach, was du denkst

Wer sich sorgt ist angespannt. Das muss nicht unbedingt ein großes Problem sein, das »auf die Schultern drückt«. Ich kenne viele Menschen, die nicht entspannt und froh in ein Gespräch gehen können. Immer setzen sie sich unter Druck. Sie meinen, sie müssten im Gespräch gut abschneiden. Sie müssten dem anderen beweisen, dass sie gebildet sind und über wichtige Themen etwas Entscheidendes zu sagen haben. Sie fühlen sich gleichsam bei jedem Gespräch vor einem inneren Richter, der sie beurteilt, ob sie auch alles gut machen. Es ist eine solche Situation, in die hinein Jesus sagt: »Macht euch keine Sorgen, wie ihr euch verteidigen und was ihr sagen sollt.« (Lk 12,11) Sag einfach, was du denkst, was aus deinem Innern kommt. Du musst dich nicht verteidigen und rechtfertigen. Du darfst so sein, wie du bist. Trau deinem Gefühl. Wenn du nichts sagen möchtest, dann höre einfach zu. Und wenn dir Worte kommen, die du gerne zum Ausdruck bringen möchtest, dann tu es. Aber befrei dich von deinem inneren Richter. Er kostet dich zu viel Energie. Lebe einfach dein Leben.

In einer guten Hand

Sorge tötet die stärksten Menschen.« So heißt es im Babylonischen Talmud, einer berühmten Sammlung jüdischer Weisheiten. Es gibt eine Sorge, die uns auszehrt und verzehrt. Sie raubt uns alle Kraft. Wer sich zu viel Sorgen macht, der hat keinen Appetit mehr. Er magert ab. Wir sehen es einem an, wenn er von Sorgen gequält wird. Aber gegen diese Sorge, die uns zu töten vermag, gibt es Heilmittel. In der biblischen Tradition ist es das Vertrauen auf Gottes Fürsorge. Gott selbst sorgt für mich, also brauche ich mich nicht von den Sorgen verzehren zu lassen. Und eine ganz konkrete Hilfe ist es, Gott meine Sorgen hinzu halten. Das Gebet bietet die Chance dazu. Dann lösen sie sich auf oder relativieren sich zumindest. Im Gebet wächst das Vertrauen, dass ich mit meinen Sorgen in Gottes guter Hand bin.

Umarme deine Wut

Ärger, Angst und Wut sind die größten Unruhestifter in unserem Herzen. »Umarme deine Wut« rät der Zen-Meister Thich Nhat Hanh. Das ist leichter gesagt als getan. Doch wenn ich versuche, meinen Ärger oder meine Wut zu umarmen, kann sie sich nicht ausbreiten und das ganze Herz besetzen. Ich umarme einen Menschen, wenn ich ihn liebe. Meine Wut zu lieben, ist nicht so einfach. Ein erster Schritt besteht darin, dass ich meine Wut nicht verurteile und bewerte. Ich nehme sie in den Arm und schaue sie mir liebevoll an. Und ich beginne mit ihr ein Gespräch: »Was willst du mir sagen? Warum bist du so wütend? Was hat dich verletzt? Welche Sehnsucht steckt in dir?« In so einem Gespräch, das ich ohne Vorwürfe, sondern liebevoll führe, wird mir die Wut einiges über mich sagen. Wenn sie sprechen darf, wird sie nicht mehr grundlos wüten. Sie wird mich auf wichtige Bereiche meiner Seele aufmerksam machen, die ich übersehen habe. Wenn ich die Wut umarme, gestatte ich ihr, dass sie sein darf. Und wenn sie sein darf, braucht sie sich nicht mehr so lauthals bemerkbar machen. Sie wird mir zum Begleiter auf meinem Weg.

Wenn die Verzweiflung kommt

Therese von Lisieux, die kleine Therese, gehört zu den großen Weisen unter den Heiligen. Sie ist schon als junge Karmelitin gestorben. Sie hatte damals in einem Klima enger und Angst machender Spiritualität den Mut gefunden, für sich den kleinen Weg der alltäglichen Liebe zu entdecken. Sie warf das ganze komplizierte spirituelle System, das man ihr vorsetzte, über den Haufen und traute der Liebe. Trotz ihrer Jugend hatte sie ein tiefes Gespür für das Geheimnis des Menschen. Diese große Kennerin der Seele schreibt: »Wenn uns Verzweiflung überkommt, liegt das gewöhnlich daran, dass wir zu viel an die Vergangenheit und an die Zukunft denken.« Wir sind verzweifelt, weil wir in der Vergangenheit nicht so perfekt waren, wie wir das sein wollten. Wir können die Vergangenheit nicht loslassen. Und wir schauen ängstlich in die Zukunft.

Der einzige Weg, von der Verzweiflung frei zu werden, ist: ganz im Augenblick zu sein. Jetzt in diesem Augenblick lebe ich vor Gott. Und jetzt bin ich von seiner Liebe umfangen. Das genügt. Was war und was kommen mag, kümmert mich nicht und bereitet mir keinen Kummer.

Ob Lachen, ob Weinen

Dass die Zeit, unsere Lebenszeit, uns als Aufgabe gegeben ist, finden wir in östlichen und westlichen Traditionen. Im Zen-Buddhismus gibt es Weisheiten, die denen der stoischen Philosophie ähnlich sind. Da heißt es: »Ob man das Leben lachend oder weinend verbringt, es ist die gleiche Zeitspanne.« Die großen spirituellen Lehrer sind sich darin einig: Wir sind verantwortlich dafür, mit welcher Stimmung wir die Zeit verbringen, mit Angst oder Vertrauen, mit Freude oder Trauer, mit Sorge oder Zuversicht. Auch hier hängt es von der Deutung ab, die wir dem Leben geben. Wenn wir alles negativ sehen, dann werden wir unsere Zeit weinend verbringen. Wenn wir uns zu viele Sorgen machen, dass unsere Vorstellungen vom Leben auch eintreffen, dann wird das Leben anstrengend. Denn wir haben nie die Sicherheit, dass sich unsere Wünsche erfüllen. Wenn wir uns aber dem Leben über lassen, im Vertrauen, dass es gut ist, wie es ist, dass es gerade so sein darf, wie wir es erleben, dann können wir jeden Augenblick genießen.

Die Sorgenschachtel

Abwarten kann Ausdruck von Unentschlossenheit, manchmal auch von Trägheit sein. Aber es kann auch eine Tugend sein – und manchen überflüssigen Ärger ersparen. Auf dem Schreibtisch des Gründers der Automobilfirma Chrysler, Walter Chrysler, stand eine Schachtel, in der er all das verwahrte, was ihm Sorgen bereitete. Nach einer Woche prüfte er, was von seinen Sorgen noch übrig war. Die meisten Dinge hatten sich von selbst gelöst, und andere hatte er in der Zwischenzeit einfach vergessen. Er begriff, dass die meisten Sorgen etwas von einem Schnupfen haben: Ob man ihm nun sieben Tage oder nur eine Woche gibt – das ist eine Frage der Einstellung. An den Tatsachen ändert es nichts. Ob man sich Sorgen macht oder nicht, bleibt sich gleich. Walter Chrysler hat die Wahrheit des Satzes erfahren: »Viele Probleme erledigen sich von selbst, wenn man ihnen Zeit dazu lässt.« (Krishna Menon)

Leben ist nicht morgen, Leben ist jetzt

Abbas Poimen war einer der großen Wüstenväter aus dem vierten Jahrhundert. Zu ihm kamen viele Ratsuchende. Einer stellte ihm einmal die Frage, für wen das Wort der Schrift gelte: »Sorget nicht für morgen.« Poimen gab zur Antwort: »Es ist zu einem Menschen gesagt, der wegen einer Versuchung verzagt wird und sich voller Sorgen fragt: Wie lange werde ich diese Versuchung noch aushalten? Doch sollte er lieber nachdenken und sich täglich sagen: Heute!« Es ist eine eigenartige Deutung, die Poimen dem Wort Jesu gibt. Ihm geht es nicht um die Sorge um Nahrung oder Kleidung. Vielmehr bezieht er es auf die Sorge um das Bestehen des Lebens. Ich kenne viele Menschen, für die dieses Wort hilfreich wäre. Sie sind voller Sorge, ob sie mit ihrer Depression zurechtkommen, ob sie der Versuchung zur Verzweiflung oder Resignation widerstehen können. Ihnen gilt der Rat: Sorge nicht für morgen. Lebe jetzt in diesem Augenblick. Jetzt hast du genügend Kraft. Was morgen ist, das überlasse dem kommenden Tag. Oder aber überlasse es Gott, der dich auch morgen trägt.

Wenn es Nacht wird

Der Aphoristiker Georg Christoph Lichtenberg, ein scharfsichtiger Beobachter der menschlichen Verhältnisse, hat einmal notiert: »Das Sorgenschränkchen, das Allerheiligste der innersten Seelenökonomie, das nur des Nachts geöffnet wird. Jedermann hat das seinige.« Er will damit sagen: Viele lassen untertags ihre Sorgen nicht zu. Man möchte sich nicht in seinen Geschäften stören lassen. Man will gegenüber seiner Umgebung als problemlos und fröhlich erscheinen. Man will sich nicht aussondern durch seine ganz persönlichen Sorgen. Aber sie lassen sich nicht verdrängen. Nachts kommen sie hoch. Manchmal wälzen sich Menschen dann hin und her und können nicht einschlafen. Sie nehmen die Sorgen mit in den Schlaf.

Ein litauisches Sprichwort drückt eine andere Erfahrung aus: »Die Nacht ist das Löschblatt vieler Sorgen.« Wenn ich vor dem Schlafengehen meine Sorgen Gott anvertraue, kann ich mich ruhig schlafen legen. Und dann werde ich am nächsten Morgen erfahren, dass der Schlaf die Sorgen ausgelöscht hat wie ein Löschblatt, das den Tintenfleck unsichtbar macht. Wer der heilenden Wirkung seines Schlafes vertraut, der wird seine Sorgen los. Im Schlaf besuchen ihn die Engel im Traum. Sie wischen die Sorgen weg. Er muss gar nichts selbst tun, sondern nur sich mit seinen Sorgen dem Schlaf anvertrauen. Im Schlaf lasse ich los, im Loslassen vertraue ich: Ich lasse mich in Gottes gute Arme fallen. Da bin ich getragen. Und dort werden die Sorgen ausgelöscht.

Vom Segen des Schlafes

Zu den Tröstungen des Lebens gehört der Schlaf. Viele Menschen, fromme ebenso wie weniger fromme, haben diese Erfahrung gemacht. Der hl. Augustinus hat die wohltuende Wirkung des Schlafes am eigenen Leib erfahren: »Ich schlief ein und bin wieder aufgewacht, und ich fand meinen Schmerz gar sehr gemildert.« Wenn wir uns im Schlaf selber loslassen, dann hat der Schlaf eine heilende Wirkung. Die Schmerzen über die Verletzungen des vergangenen Tages werden schwächer. Wir spüren sie noch, aber sie stechen nicht mehr. Auch Aldous Huxley hat diese Erfahrung gemacht, wenn er schreibt: »Von allen Gnaden und Segnungen der Natur ist der Schlaf das Beste.« Doch Menschen, die an Schlaflosigkeit leiden, hilft dieser Satz nicht weiter. Es gibt keinen Trick, die Schlaflosigkeit möglichst schnell loszuwerden. Der einzige Weg, der langsam zur Wandlung führt, ist: die Sorge um den eigenen Schlaf loszulassen. Dann dürfen wir vertrauen, dass der Körper sich die Ruhe nimmt, die er braucht.

Komm in Einklang

Sei selber Ton und Melodie

Sei selber Ton und Melodie

Einklang hat etwas mit »klingen« zu tun. Friedrich Nietzsche vergleicht unser Leben mit einer Symphonie. Jede Symphonie hat Pausen, sie hat Spannungsmomente, Kontrapunkte, und sie hat ihre Höhepunkte. So hat unser Leben auch nur wenige Augenblicke, in denen wir in der Tiefe berührt werden, in denen etwas in uns anklingt, das uns zutiefst erfüllt. Nietzsche schreibt: »Die Liebe, der Frühling, jede schöne Melodie, das Gebirge, der Mond, das Meer – alles das redet nur einmal ganz zum Herzen: wenn es überhaupt je ganz zu Worte kommt. Denn viele Menschen haben jene Momente gar nicht und sind selber Intervalle und Pausen in der Symphonie des wirklichen Lebens.« Wer nur Intervall ist, wer nur im Raum zwischen den Tönen lebt, den kann kein Ton berühren, der wird nicht erklingen, wenn die Töne nach ihm greifen. Wir müssen Ton sein, damit das Leben uns in seine Symphonie aufnimmt.

Zusammenklang

Die Frage ist, wie ich in den Einklang komme mit mir selbst. Die Musik kann uns lehren, dass der Einklang nicht ein einziger Ton ist. Das wäre langweilig. Die Kunst besteht vielmehr darin, alles in uns zum Klingen zu bringen, aber so, dass sich die Töne nicht bekämpfen, sondern in einer größeren Harmonie zusammenklingen. Schon Thomas von Aquin hat das erkannt, wenn er vom Schönen – nicht nur in der Musik – sagt: »Der Urgrund des Schönen besteht in einem gewissen Zusammenklang der Gegensätze.« Schön wird die Musik nicht durch beständige Harmonie, sondern wenn aus allen Gegensätzen heraus immer wieder ein Einklang entsteht. Mozart hat das wie kein anderer Komponist verstanden. Seine Musik lässt alle Höhen und Tiefen des menschlichen Herzens erklingen: Trauer und Freude, Angst und Vertrauen, Liebe und Hass. Indem alle Gefühle erklingen, suchen sie immer wieder danach, zusammenzuklingen in einer höheren Harmonie.

Wohlklang und Harmonie

Die Griechen sprachen immer wieder von der Harmonie, vom Zusammenklang der Sphären. Der ganze Kosmos war für die Pythagoreer Gesang. Die verschiedenen Planeten erzeugten einen harmonischen Sphärengesang. Wer in der Musik diese Harmonie des Kosmos abbildet, der hat teil an seiner Ordnung. Heraklit spricht von der Harmonie als dem Zusammenklang entgegengesetzter Elemente. In der Harmonie wird das Widerstreitende zur Übereinstimmung gebracht. Von der Musik hat Platon dies auf die menschliche Seele übertragen. Auch die Seele muss die verschiedenen Kräfte in sich zum Einklang bringen. Die stoische Philosophie spricht von Gott als dem eigentlichen Musiker, der die gegensätzlichen Kräfte des Kosmos zusammenklingen lässt. Clemens von Alexandrien wendet dieses Bild auf Christus, den göttlichen Logos an: »Der Logos hat die Dissonanz der Elemente zum Wohlklang gebracht, damit der ganze Kosmos ihm zur Harmonie werde.«

Geführt vom Klang

Ein Weg der Einkehr in das Innere ist für den hl. Augustinus das Singen. Er meint, das Singen führe uns in das innerste Gemach unserer Seele, in dem Gott in uns wohnt. Augustinus hat diese Theologie des Singens in der Auslegung von Psalm 42,5 entfaltet. Im Psalm heißt es: »Das Herz geht mir über, wenn ich daran denke: wie ich zum Haus Gottes zog in festlicher Schar, mit Jubel und Dank in feiernder Menge.« Für Augustinus ist es das jubelnde Singen, durch das wir zum innersten Geheimnis Gottes gelangen, zur geheimen Wohnung Gottes in unserem Herzen (secretum domus Dei). Es ist nicht nur das eigene Singen, das uns in das Innerste der Seele führt, sondern auch das Hören von Gesang. Wenn wir Menschen hören, die mit ihrem ganzen Herzen singen und ganz dem Gesang hingegeben sind, dann geht es uns wie dem Hirsch, der von den Wasserquellen angezogen sich auf den Weg zu Gott macht. Geführt vom Klang der Freude vergessen wir alles Äußere und wenden uns nach innen. Ja, wir werden förmlich nach innen mitgerissen (in interiora raperetur). Dort innen sind wir im Einklang mit unserem wahren Wesen.

Lass los, was du festhältst

Es war wohl nicht zufällig ein Musiker, nämlich der britische Sänger Paul Williams, der einen Weg aufgezeigt hat, wie wir mit uns und allem, was in uns ist, in Einklang kommen können: »Lass los, was du festhältst. Und alles wahrhaft dir Gehörende wird wie durch einen Zauber sofort in deinem Leben erscheinen.« Wenn wir uns an irgendetwas oder an uns selbst festhalten, kann das, was in uns lebt, nicht aufblühen. Es kann dann keine Harmonie zwischen uns und unserer Umgebung sein. Das gilt für unsere Beziehung zu anderen, aber auch für die Beziehung mit uns selber. Sobald wir uns selbst loslassen, kommen wir in Berührung mit unserem wahren Bild. Auf einmal entdecken wir, wer wir wirklich sind. Wir spüren unser wahres Sein, unsere wirklichen Gefühle und den Reichtum unserer Seele. Festhalten heißt immer auch: an einem ganz bestimmten Bild von mir festhalten, das mein wahres Ich verstellt. Finde ich mich nur gut, wenn ich an diesem Bild festhalte, dann werde ich nie das entdecken, was wirklich zu mir gehört und was das Meine ist. Einklang, stimmige Resonanz, wird erst möglich, wenn ich loslasse und dem anderen erlaube, so zu sein, wie er ist.

Wie im Himmel

Thich Nhat Hanh, der buddhistische Mönch aus Vietnam, empfiehlt die Achtsamkeit als Weg, im Einklang mit sich selbst zu leben. Wer achtsam ist und jeden Augenblick als neu wahrnehmen kann, wie den ersten Tag der Schöpfung, der erlebt sich selbst nicht als entfremdet, er sieht die Wirklichkeit nicht als banal oder langweilig. Er schwingt mit dem Leben um sich herum mit und erlebt die Welt sozusagen im Zauber des Anfangs. Für ihn ist sie erfüllt mit unzähligen Kostbarkeiten. Wer so im Einklang ist mit sich und dem Augenblick, den er gerade atmet, der ist, so sagt der vietnamesische Mönch, schon im Himmelreich: »Wir müssen nicht erst sterben, um ins Himmelreich zu kommen. Tatsächlich genügt es, vollkommen lebendig zu sein. Atmen wir aufmerksam ein und aus und umarmen wir einen schönen Baum, sind wir im Himmel. Wenn wir einen bewussten Atemzug machen und uns dabei unserer Augen, unseres Herzens, unserer Leber und unserer Nicht-Zahnschmerzen bewusst sind, werden wir unmittelbar ins Paradies getragen. Frieden ist vorhanden. Wir müssen ihn nur berühren.«

Freihändig

Der Taoismus ist neben dem Konfuzianismus und dem Buddhismus die dritte große religiöse Tradition Chinas. In der geistigen Tradition des Tao geht es vor allem um das Lassen. Ich soll die Dinge so lassen, wie sie sind, und nicht ständig störend eingreifen. Die Überzeugung der östlichen Weisen ist: In den Dingen selbst steckt eine innere Ordnung. Diese Ordnung verlangt vom Menschen ein ihr gemäßes Verhalten. Auf dem Hintergrund dieser Philosophie ist auch das chinesische Sprichwort zu verstehen: »Wenn du loslässt, hast du zwei Hände frei.« Wenn ich krampfhaft etwas festhalte, bin ich handlungsunfähig. Ich habe keine Hände, die handeln können. Denn sie sind mit dem Festhalten beschäftigt. Manchmal halte ich mit einer Hand etwas fest, manchmal auch mit beiden. Das Loslassen schenkt mir zwei freie Hände, mit denen ich das anpacken kann, was wirklich wichtig ist. Diese freien Hände ermöglichen es mir, etwas zu gestalten und zu formen, einem anderen die Hand zu geben, ihm meine Hände zu reichen, wenn er in Not ist, und ihn zärtlich zu berühren, wenn er der Liebe bedarf.

Worauf Wunder beruhen

Viele Menschen hoffen auf ein Wunder: auf das Wunder der Heilung, auf das Wunder, dass sie die richtige Arbeitsstelle bekommen oder eine Prüfung mit Erfolg bestehen. Sie erwarten die Wunder von außen. Gott soll ein Wunder an ihnen wirken. Das tut Gott auch zuweilen. Aber wir sollten nicht auf das Außergewöhnliche starren und Sensationen suchen. Denn Gottes Wunder umgeben uns immer. Wir müssen nur unsere Augen öffnen. Dann auch werden wir die wunderbare Schönheit der Natur wahrnehmen. Wir werden das Wunder der Begegnung mit einem anderen Menschen erleben. Und wir werden das Wunder spüren, dass wir überhaupt da sind, dass wir atmen, fühlen, dass wir leben. Die amerikanische Autorin Willa Cather schreibt über diese Erfahrung: »Wunder beruhen einfach darauf, dass unsere Wahrnehmungen feiner gemacht werden, so dass unsere Augen für einen Augenblick das sehen und unsere Ohren das hören können, was uns immer umgibt.« Jeden Tag achtsam sein auf das Wunder, Augen und Ohren dafür öffnen, dem Wunder »wie einem Vogel die Hand hinhalten« (Hilde Domin) – das ist wirkliche Lebenskunst.

Nie zu spät

In Gesprächen erfahre ich immer wieder, wie viele Menschen daran leiden, nicht wirklich gelebt zu haben. Sie haben den Eindruck, dass sie bisher immer nur Erwartungen anderer erfüllt, aber nie wirklich das gelebt haben, was in ihnen ist. Sie sind am Leben vorbeigegangen. Und jetzt haben sie den Eindruck, dass es zu spät ist, den Weg zurück in ihr Leben zu finden. Doch es ist nie zu spät. Es geht nicht darum, der Vergangenheit nachzutrauern. Jetzt, in diesem Augenblick, bin ich fähig, ganz zu leben. Ich muss dabei nicht alles anders machen. Es genügt, einfach da zu kommen, mit mir selbst in Berührung zu sein und zu leben. Wenn ich diesen Tag bewusst lebe, dann kann ich am Abend mit dem römischen Philosophen Seneca sagen: »Wer jeden Abend sagen kann ‚Ich habe gelebt', dem bringt jeder Morgen einen neuen Gewinn.« Wenn ich heute wirklich lebe, wird auch der morgige Tag gelingen.

In Balance bleiben

Wir kommen nicht von allein in Einklang mit uns selbst. Es ist eine Kunst, das Leben so zu leben, dass es für uns stimmig ist. Theodor Fontane beschreibt diese Kunst als eine Fähigkeit, das innere Gleichgewicht in sich herzustellen: »Leicht zu leben ohne Leichtsinn, heiter zu sein ohne Ausgelassenheit, Mut zu haben ohne Übermut, das ist die Kunst des Lebens.« Immer wenn wir eine Haltung absolut setzen, wird uns diese Haltung, auch wenn sie in sich noch so gut ist, keinen Halt mehr geben, sondern uns aus der Balance bringen. Es hat etwas Schwebendes an sich, die Leichtigkeit des Seins zu leben, ohne leichtsinnig zu werden. Und es ist eine Kunst, heiter zu sein, ohne dabei ausgelassen zu werden, Mut zu beweisen, ohne übermütig zu werden. Diese schwebende Balance können wir nie als festen Besitz verbuchen. Es braucht vielmehr ein feines Gespür, das jeweils für uns passende Gleichgewicht zu finden. Und es braucht Aufmerksamkeit, um darin zu bleiben.

Die Frage selber lieben

In einem wunderbaren Gedicht beschreibt Rainer M. Rilke das Wesen unserer Geduld:

»Man muss Geduld haben
Gegen das Ungelöste im Herzen
Und versuchen, die Fragen selber lieb zu haben,
wie verschlossene Stuben
und wie Bücher, die in einer sehr fremden Sprache
geschrieben sind.«

Der Mensch ist sich oft ein Rätsel. Ich kann ungeduldig gegen mich selber wüten, weil ich mich nicht verstehe. Oder aber ich kann das Ungelöste und Unverständliche geduldig annehmen und die ungelösten Fragen in mir selber lieben. Bücher, die in einer fremden Sprache geschrieben sind, die ich nicht verstehe, behandle ich mit besonderer Sorgfalt. Das Fremde hat eine eigene Anziehungskraft. Wenn ich das Fremde in mir behutsam behandle, dann bin ich einverstanden mit dem Rätselhaften meines Lebens und meiner Existenz.

So wird Frieden möglich

Thomas von Kempen, der Autor der »Nachfolge Christi«, die neben der Bibel seit dem 15. Jahrhundert über lange Zeit das meistgelesene Buch war, gibt den Grund für den Unfrieden an, in dem viele Menschen leben: »Wir könnten in Frieden leben, wenn wir uns nicht pausenlos mit dem beschäftigen würden, was andere Leute sagen und tun.« Dieses Wort ist heute genauso aktuell wie damals. Viele Menschen kreisen ständig darum, was andere von ihnen denken oder was sie über sie sagen. Sie haben Angst, die anderen könnten schlecht von ihnen reden. Eine andere Gruppe von Menschen beschäftigt sich mit den Worten und Taten anderer. Sie regen sich ständig darüber auf, was der oder jene gesagt oder getan hat. Sie lesen in der Zeitung oder in der Illustrierten die Skandalgeschichten irgendwelcher Schauspieler oder Adliger, um sich darüber zu entsetzen. Statt mit sich in Frieden zu leben, brauchen sie andere, um ihren inneren Unfrieden auf sie zu projizieren. Doch das geben sie nicht zu. So sind sie immer unzufrieden mit der Welt und letztlich mit sich selbst. Herzensruhe stellt sich ein, wenn wir mit den anderen versöhnt sind und sie so sein lassen können wie sie sind. Und wirklicher innerer Friede ist ein Raum, in dem wir mit uns selbst und mit unserer Umgebung, ja mit der ganzen Schöpfung in Einklang leben.

Eins mit uns selbst

Mit sich selbst eins sein, das möchten wir im Grunde alle. Die Frage ist, wie das geht. Jesus zeigt uns im Johannesevangelium einen Weg. Da bittet er seinen Vater für seine Jünger, dass »sie eins sind wie wir« (Joh 17,11). Diese Bitte bezieht sich nicht nur auf die Einheit der Christen untereinander, sondern auf die Einheit mit uns selbst. Wir werden nur eins mit uns selbst, wenn wir es machen wie Jesus, der vom Himmel herabgestiegen ist, um alles Menschliche in die Einheit mit Gott hineinzunehmen. So werden auch wir nur eins, wenn wir den Mut haben, in die Tiefen unseres Menschseins, in die Abgründe unserer Seele, in die Tiefen unseres Unbewussten hinabzusteigen. Nur das, was wir selbst berühren, kann in die Einheit mit Gott kommen. Und nur dann werden wir einverstanden sein mit uns selbst. Denn alles in uns ist dann von Gottes Liebe erfüllt. Mit uns eins sein vermögen wir nur, wenn wir uns zugleich in Gott wissen. So betet Jesus: »Alle sollen eins sein: Wie du, Vater, in mir bist und ich in dir bin, sollen auch sie in uns sein.« (Joh 17,21)

Schwäche wird Stärke

Was uns am meisten hindert, mit uns in Einklang zu kommen, ist die Ablehnung gegenüber so vielem, was wir in uns wahrnehmen. Wir haben ein so hohes Idealbild von uns, dass wir uns schwer tun, uns mit unserer Realität auszusöhnen. Friedrich Nietzsche sagt zu solchen Menschen, die sich nicht verzeihen können, dass sie so sind, wie sie sind – und vermutlich auch zu sich selbst: »Wirf das Missvergnügen über dein Wesen ab! Verzeihe dir dein eigenes Ich!« Wie soll das geschehen, mir mein eigenes Ich verzeihen? Ich kann doch nichts dafür, dass ich so bin, wie ich bin. Doch in meiner Seele entdecke ich Vorwürfe gegen mein Ich. Ich kann mir nicht vergeben, dass ich diese Schwächen habe, diese Eigenschaften, die ich gar nicht an mir mag. Doch erst wenn ich mir selbst vergeben kann, verlieren diese vermeintlichen Schwächen ihre destruktive Kraft. Wenn ich mir vergebe, wandeln sich meine Schwächen auf einmal in Stärken um. Dann wird mein mangelndes Selbstvertrauen zur Fähigkeit, andere zu verstehen und sie aufzurichten.

Das einzige Gebet

Ein wichtiger Weg, in Einklang mit sich selbst zu kommen, ist die Dankbarkeit. Meister Eckhart schreibt: »Wenn das einzige Gebet, was du in deinem ganzen Leben sagst, ist: ‚Ich danke dir', das würde genügen.« Viele Menschen bitten Gott, er möge sie doch stärker und gesünder und erfolgreicher machen. Sie können sich nur annehmen, wenn sie so werden, wie sie es sich selbst vorstellen. Dafür möchten sie Gott einspannen. Meister Eckhart meint, das tiefste Gebet sei das Danken. Meister Eckhart sagt gar nicht, wofür wir danken sollen. Das einfache »Ich danke dir« genügt. Das kann ich immer und überall sagen. Wenn mir etwas gelungen ist, bete ich: »Ich danke dir.« Wenn mir etwas misslungen ist, fällt es schon schwerer, dieses Gebet zu sprechen. Doch wenn ich es trotzdem über die Lippen bringe, werde ich das Geschehen anders erleben. Mitten im Misslingen bin ich doch im Frieden mit mir selbst. Ich danke dir, dass ich frei geworden bin von meinen Illusionen. Ich danke, dass ich bei allem, was ist, in Gottes guter Hand bin.

Ein neuer Geschmack

Die Haltung der Dankbarkeit hat in unseren Tagen David Steindl-Rast neu als die eigentliche Grundhaltung des Menschen, ja als wesentlich für einen spirituellen Menschen beschrieben. Er sagt: »Jede Dankbarkeit ist ein Ausdruck von Vertrauen. Jedes Misstrauen führt dazu, noch nicht einmal ein Geschenk als solches zu erkennen – wer könnte denn sicherstellen, dass es nicht ein Köder, ein Bestechungsversuch, eine Falle ist? Dankbarkeit hat den Mut zu vertrauen und überwindet so die Angst.« Undankbare Menschen sind für andere unangenehm. Sie haben ein Grundmisstrauen gegen alles. Wenn man ihnen etwas schenkt, meinen sie, wir hätten damit eine bestimmte Absicht. Sie können nicht dankbar annehmen, was ist. Alles deuten sie durch ihr Misstrauen in einer negativen Weise. Ein dankbarer Mensch, sagt Steindl-Rast, hat einen guten Blick für das Geschenk in jeder *gegebenen* Lage. Er erkennt die Gelegenheit, die selbst in der schlimmsten Situation immer mitgegeben ist. Und er ergreift diese Gelegenheit. Alles, wofür wir dankbar sind – und nichts sonst im Leben – gibt uns Freude. Steindl-Rast hat Recht: Wenn ich einfach dankbar annehme, was mir ein Mensch und was mir Gott täglich schenkt, dann bin ich im Einklang mit mir und der Welt. Dann bekommt mein Leben einen neuen und angenehmen Geschmack.

Mach dich nicht klein

Ich habe Menschen erlebt, die nie zufrieden waren mit dem Lob, das sie erhalten haben. Wenn ich ihnen für etwas gedankt habe, das mir gut gefallen hat oder das für mich und meinen Weg wichtig war, dann haben sie oft so reagiert, dass sie sich klein gemacht haben. Es sei doch nicht der Rede wert. Das sei doch nichts Großes gewesen. Da ist das Sich-Kleinmachen oft nur der Versuch, noch mehr Lob zu bekommen. Da steckt also möglicherweise Unersättlichkeit dahinter. Oder aber die Unfähigkeit, ein Lob dankbar anzunehmen und die Sorge, man könne doch nie genügen. Nicht nur, wenn jemand mich lobt, sondern auch, wenn ein anderer sich für mein Lob bedankt, dann fühle ich mich im Einklang mit mir und mit ihm. Wir haben beide gedankt und im Danken Gemeinschaft erfahren. Wir haben beide gespürt, dass letztlich alles Gute von Gott kommt. Aber es ist gut, es dem Empfänger von Gottes Gaben auch zu sagen, dass ich dafür dankbar bin.

Gemeinsame Freude

Dankbarkeit hat etwas Befreiendes. Sie befreit mich von dem Zwang, mich mit anderen zu vergleichen und meine Werke und meine Fähigkeiten über die anderer zu stellen. Sie ermöglicht es mir, mich mit dem anderen zu freuen über das, was ihm gelungen ist. Ich muss weder ihn noch mich abwerten oder entwerten. Mein Wert verliert sich nicht, wenn ich den Wert des andern dankbar anerkenne. So verbindet die Dankbarkeit mich mit dem anderen. Ich bin nicht sein Konkurrent und er nicht meiner. Vielmehr schauen wir gemeinsam auf das, was Gott uns schenkt: manchmal dem anderen und manchmal mir, manches mir und manches dem anderen. Die Dankbarkeit ermöglicht ein gutes Miteinander und befreit uns von einem ständigen Gegeneinander, von dem Zwang, uns ständig mit andern vergleichen zu müssen. Jeder Mensch hat genügend Grund, dankbar zu sein. Ich bin nicht nur dankbar für das, was Gott mir geschenkt hat, sondern auch für die Menschen, die er mir geschenkt hat, und für die Menschen, denen er viele Gaben mitgegeben hat, die ich bei mir nicht finde. Ich muss nicht alles in mir haben. Es ist schön, bei anderen etwas bewundern zu können, was mir fehlt. Dann bin ich nicht neidisch, sondern ich freue mich an dem Reichtum, den ich in anderen Menschen finde.

Alles ist Geschenk

Dankbarkeit ist nicht mit Naivität zu verwechseln. Die Dankbarkeit lehrt mich, dass ich mich auf keiner Fähigkeit und auf keinem Werk ausruhen kann. Ich weiß nicht, wie lange mein Geist noch wach bleibt, wie lange mein Leib bei all den äußeren Belastungen noch mitmacht. Ich habe keine Garantie, dass ich nicht durch einen Unfall oder durch eine Krankheit in meiner Schaffenskraft beeinträchtigt werde. Die Dankbarkeit lehrt mich, all das dankbar anzunehmen, was Gott mir geschenkt hat, aber auch bereit zu sein, es loszulassen, wenn er mich dazu auffordert. So befreit mich die Dankbarkeit zum Beispiel von der Angst, ob ich einmal krank werde, und vor den Befürchtungen, wie es im Alter weitergehen wird. Dankbarkeit führt zur Gelassenheit.

Mit allem eins

Menschen, die nicht im Einklang mit sich selbst sind, haben Angst vor der Einsamkeit. Wenn sie allein mit sich sind, dann taucht die innere Zerrissenheit in ihnen auf. Davor möchten sie am liebsten davonlaufen. So beschäftigen sie sich ständig mit irgendetwas, um ihrer Einsamkeit auszuweichen. Das deutsche Wort »Einsamkeit« hat jedoch in sich einen positiven Klang. Es ist zusammengesetzt aus »ein«, das nicht nur die Zahl eins meint, sondern ein Einssein. Das Verschiedene ist miteinander eins. Das Suffix »sam« bedeutet »mit etwas übereinstimmend«. Der Einsame stimmt mit seinem Einssein überein. Er sagt innerlich Ja dazu, dass er eins ist, einzig auf dieser Welt und zugleich im tiefsten Grund allein. Doch dieses Alleinsein stört ihn nicht. Er stimmt damit überein. Denn er weiß, dass er in seiner Einsamkeit mit allem eins ist, mit sich selbst, mit den Menschen und mit Gott.

Die Einsamkeit umarmen

Alle Religionen haben die Einsamkeit als wichtigen Weg zu Gott gepriesen. Paul Tillich meinte einmal, Religion sei das, was jeder mit seiner Einsamkeit anfange. Und lange vor ihm hat Lao-Tse über die Einsamkeit geschrieben: »Gewöhnliche Menschen hassen die Einsamkeit, doch der Meister nutzt sie, umarmt sein Alleinsein und erkennt, dass er eins ist mit dem gesamten Universum.« Wer sein Alleinsein bewusst annimmt, der kann die Erfahrung machen, dass er mit allem eins ist. Das ist ja auch der Sinn des deutschen Wortes »allein«. Es bedeutet: »all-eins«, mit allem eins zu sein. Wer sich auf den Grund seiner Einsamkeit wagt und nicht vor ihr davonläuft, der darf spüren, dass er auf dem Grund seiner Seele mit allem eins ist, was in dieser Welt existiert. Alles hängt miteinander zusammen. In der Tiefe ist alles eins. So zeigt uns die Einsamkeit den Weg in den Grund der Welt, auf dem unser Dasein gründet.

Einzigartig

Von Hermann Hesse stammt das bekannte Wort: »Leben ist Einsamsein. Kein Mensch kennt den andern, jeder ist allein.« Das Wort kann als Klage über die menschliche Einsamkeit verstanden werden. Es kann aber auch eine positive Aussage über unser Wesen sein. In der Tiefe jedes Menschen erfährt er sich allein. Es gibt einen Grund in mir, in den die anderen nicht schauen und den sie nicht verstehen können. Aber diese Erfahrung der Einsamkeit isoliert mich nicht. Vielmehr gibt sie mir meine wahre Würde. Ich bin als einsamer auch einzigartig. So wie ich fühle, fühle nur ich. So wie ich sehe, sehe nur ich. Wenn ich das bewusst erlebe, dann bin ich dankbar für mein Einsamsein. Denn ich spüre, dass ich gerade in meiner Einsamkeit und Einzigartigkeit etwas vom Wesen Gottes verstehe, der von sich sagt: »Ich bin der ich bin.« In meinem Einsamsein spüre ich, was es heißt: »Ich bin. Ich bin einfach da. Ich lebe.«

Schau auf den Grund

Friedrich Nietzsche hat den Sinn der Einsamkeit verstanden, wenn er schreibt: »Wer die letzte Einsamkeit kennt, kennt die letzten Dinge.« Wer seine Einsamkeit in der letzten Tiefe annimmt, der kommt in Berührung mit den letzten Dingen, mit dem Wesen aller Dinge, letztlich mit Gott, dem Urgrund allen Seins. Er schaut in den Abgrund des Geheimnisses unseres Lebens. Und auf dem Grund allen Seins wird ihm alles klar. Das ist der Sinn der Kontemplation, wie ihn die frühen Kirchenväter verstanden haben: Ich schaue auf den Grund. Dort ist mir alles klar. Ich sehe nicht etwas Bestimmtes. Ich kann nicht erklären, was ich sehe. Es ist vielmehr ein reines Schauen, für das alles klar wird. Alles klärt sich auf, auch wenn es unerklärlich bleibt.

Wahre Einkehr

Ein Weg, um mit sich in Einklang zu kommen, ist die Einkehr. Wer bei sich selbst einkehrt, der entdeckt den inneren Reichtum seiner Seele. Im Innern – so hat es Augustinus erfahren – begegnen wir Gott. Denn Gott ist uns innerlicher als wir es uns selbst sind. Viele Menschen kehren lieber in eine Wirtschaft ein. Das kann auch schön sein, wenn man nach langer Wanderung einkehrt und Erquickung erfährt. Doch die wahre Einkehr geschieht in uns selbst. Manche meinen, diese Einkehr sei entweder langweilig oder aber gefährlich, weil man ja das innere Chaos entdecken könnte. Doch nur wer es wagt, bei sich einzukehren, kann zur Einheit mit sich gelangen und zum Einklang mit sich kommen.

Innerlich heiter

Menschen, die zu viel vom Leben erwarten, tun sich schwer damit, einverstanden zu sein mit ihrem Leben. George Bernard Shaw hat für sich einen Weg gefunden, in Einklang zu kommen mit seinem Leben: »Ich habe gelernt, vom Leben nicht viel zu erwarten. Das ist das Geheimnis echter Heiterkeit und der Grund, warum ich angenehme Überraschungen statt trostloser Enttäuschungen erlebe.« Weil er sich keine Illusionen über sein Leben macht und das Gelingen seines Lebens nicht von bestimmten Erwartungen abhängig sein lässt, darum ist er im Einklang mit sich selbst. Und er kann innerlich heiter und gelassen sein und dankbar für die angenehmen Überraschungen, die ihm das Leben doch immer wieder bereitet.

Was das Herz mir sagt

Im Franziskanerkloster von Lyon steht eine Inschrift, die uns einen Weg weist, wie wir mit unserem Leben zufrieden sein können: »Hüte dich, alles zu begehren, was du siehst, alles zu glauben, was du hörst, alles zu sagen, was du weißt, und alles zu tun, was du kannst!« Wer alles möchte, was er sieht, der kommt nie zu sich selbst. Er macht das Glück von dem abhängig, was er hat. Und er sieht immer neue Dinge, die er nicht hat. Also wird er nie im Einklang sein mit sich selbst. Wer alles sagen muss, was er weiß, der setzt sich ständig unter Druck, noch dies oder jenes beizusteuern zum Gespräch. Er muss sein ganzes Wissen vor den Menschen ausbreiten. Und er wird nie das Echo erleben, das er ersehnt. Es braucht die Haltung, sich mit dem zu bescheiden, was das Herz mir sagt. Dann bin ich frei von dem Druck, alles sagen, alles tun, alles glauben zu müssen.

Auf dem Grund der Seele

Viele bemühen sich, das zu tun, was von ihnen erwartet wird. Sie meinen, sie würden dann in Einklang kommen, wenn sie alle Erwartungen ihrer Umgebung erfüllen. Doch sie machen sich von den Menschen und ihren Erwartungen abhängig. Sie spüren sich selbst nicht. Und so sind sie immer darauf angewiesen, dass sie ein gutes Echo bekommen. Thomas von Aquin zeigt einen anderen Weg zur inneren Zufriedenheit auf: »Nichts gelingt gut, außer man vollbringt es mit Freude.« Wenn ich das, was ich tue, aus einer inneren Freude heraus tue, dann wird es auch gelingen. Die Frage ist, wie ich zu dieser Freude gelange. In jedem von uns ist auf dem Grund seiner Seele Freude verborgen. Aber oft sind wir von dieser Freude abgeschnitten. Es ist wichtig, dass wir mit der inneren Freude in Berührung kommen. Sie weitet das Herz und ermöglicht uns, dass alles, was wir tun, zum Ausdruck der Freude und der Dankbarkeit wird.

Felder, Wiesen, Blumen

In Einklang mit uns selbst kommen wir nicht nur, indem wir nach innen gehen. Auch das Wahrnehmen der äußeren Welt kann uns zu innerem Frieden führen. So hat es Teresa von Avila erfahren, wenn sie von sich sagt: »Ich betrachte gerne Felder, Wiesen, Blumen. Diese Dinge helfen mir zur Sammlung.« Wenn ich ganz im Schauen der Wiesen und Felder um mich herum aufgehe, dann bin ich bei mir, dann bin ich gesammelt, dann bin ich eins mit mir selbst. Das Schauen der Schönheit bringt mich mit der Quelle der Schönheit in Berührung, die in meiner Seele bereit liegt. Ich schaue in der Schönheit der Natur mein eigenes Wesen. So sammle ich im Schauen äußerer Schönheit die schönen Seiten meiner eigenen Seele und komme in Einklang mit mir selbst.

Glück im Winkel

Jeder kennt andere Wege, mit sich in Frieden zu kommen. Der eine erfährt es in der Natur. Er spürt, dass die Natur nicht bewertet, dass er dort sein darf, wie er ist. Das befreit ihn davon, sich selbst zu bewerten. Franz von Sales hat einen anderen Ort gefunden, an dem er zur Ruhe kommt: »Ich habe Ruhe gesucht überall und habe sie am Ende gefunden in einem Winkel, bei einem kleinen Buch.« Im Lesen eines Buches taucht er ein in eine andere Welt. Es ist eine Welt, die den Turbulenzen seines Alltags enthoben ist, eine Welt, in der die Seele angesprochen wird, in der er mit sich und seinem wahren Wesen in Berührung kommt. Indem er liest, wird seine eigene Seele angesprochen. Die Worte klingen in seiner Seele nach und führen ihn zum Einklang mit sich und seinem wahren Wesen.

Sei, der du bist

Henri Frederic Amiel hat in einfachen Worten gezeigt, wie wir eins werden können mit uns selbst:

»Lerne zu sein, der du bist.
Und lerne gelassen
Auf all das zu verzichten,
Was du nicht bist.«

Es ist nicht einfach, sich mit dem zu begnügen, wer ich bin. Ich möchte gerne noch so sein wie der oder jene. Ich möchte ihre Intelligenz und seinen Erfolg haben. Doch dann jage ich dem Glück immer nach, ohne es je zu erreichen. Der einzige Weg zum Einklang mit mir selbst ist der Verzicht auf all das, was nicht meinem wahren Wesen entspricht. Ich soll mir keine Sorgen machen um das, was mir nicht entspricht. Es genügt, ganz der zu sein, der ich bin.

Versöhn dich mit dir

Der alltägliche Weg, um mit sich in Einklang zu kommen, ist: sich auszusöhnen mit sich selbst. Dieser Weg scheint nicht einfach zu sein. Aber wir müssen ihn immer wieder von Neuem gehen. Wir sind nie für immer mit uns versöhnt. Friedrich Nietzsche weiß um die Herausforderung, sich immer wieder neu mit sich zu versöhnen: »Zehn Mal musst du dich wieder mit dir selber versöhnen; denn Überwindung ist Bitternis, und schlecht schläft der Unversöhnte.« Ich muss mich immer wieder überwinden, mich mit mir zu versöhnen. Diese Überwindung stößt mir oft bitter auf. Aber es gibt keinen Weg, der daran vorbeiführt. Denn – so meint Nietzsche – wenn ich mich nicht versöhne, werde ich auch schlecht schlafen. All das Unversöhnte wird in der Nacht im Traum in mir hochkommen und mir eine unruhige Nacht bescheren.

Eines Tages

Wir alle sehnen uns danach, mit uns in Einklang zu kommen. Doch wir haben so viele Zweifel und Fragen. Was stimmt für mich? Wann bin ich im Einklang? Was muss ich annehmen und was bekämpfen? Rainer M. Rilke hat in diese innere Spannung zwischen Sehnsucht und Zweifel sein Gedicht geschrieben:

»Wenn man die Fragen lebt,
lebt man vielleicht allmählich,
ohne es zu merken,
eines fremden Tages
in die Antwort hinein.«

Es geht nicht darum, die Fragen zu beantworten. Oft finden wir keine Antwort. Aber wenn wir die Frage leben, dann finden wir durch das Leben oft die Antwort. Auf einmal hat das Leben selbst die Antwort gegeben. Im Leben der Fragen formt sich die Antwort.

Einfach leben

Ruh in dir und kompliziere nichts

Klar und echt

Wir sagen es einem anderen so leicht: »Lebe einfach!« Schon das Wort »einfach« hat eine vielfache Bedeutung. Es kann meinen, einfach so dahinzuleben, ohne etwas Besonderes aus dem Leben zu machen oder ohne sich etwas darauf einzubilden. Es ist das reine Dasein. Ich lebe einfach, ohne mir große Gedanken darüber zu machen, wie ich es verstehen soll. Einfachheit bedeutet in der Tradition auch Anspruchslosigkeit. Sie geht zusammen mit der zeichenhaften Solidarität mit den Armen. Und Einfachheit kann Echtheit und Authentizität bedeuten. Wenn wir von einem sagen, dass er einfach lebe, so meinen wir seine Klarheit, seine Eindeutigkeit. Er muss nichts aus sich machen. Er muss sich nicht besonders darstellen. Er ist einfach da. Er ist einfach. Er ist, wer er ist. Und so lebt er auch.

Innere Freiheit

Die Sehnsucht nach dem einfachen Leben ist alt. Der stoische Philosoph Poseidonios rühmt die Römer, dass diese wegen »der Einfachheit ihrer Lebensweise, ihrer Gerechtigkeit und Gottesfürchtigkeit« zur Weltherrschaft berufen seien. Die Einfachheit ihrer Lebensweise gab ihnen offensichtlich die Kraft, die damalige Welt zu beherrschen und sie zu befrieden. Als die Römer dann wegen ihres zu großen Reichtums dekadent geworden waren, zerfiel das Reich. Was der stoische Philosoph Poseidonios vor zweitausend Jahren sagte, das betonen heute Soziologen. Sie meinen, die Eliten seien immer asketische Eliten gewesen. Ein Zeichen der Elite ist, dass sie ein einfaches Leben führt. Sie haben Ziele, die über sie hinausgehen. Daher brauchen sie die innere Freiheit, die ihnen das einfache Leben schenkt, um sich für ihre Ziele einzusetzen.

In Übereinstimmung

In der stoischen Philosophie war die Einfachheit ein zentraler Begriff. Vor allem Kaiser Mark Aurel, der Philosoph auf dem Kaiserthron, liebt diesen Begriff. Er gebraucht das griechische Wort »haplotes«, das auch die Bibel häufig verwendet. Er meint, im wahrhaft guten Menschen müsse »alles schlicht und voll Wohlwollen« sein. Einmal ruft er sich selbst zu: »Lass keine Unruhe in dir aufkommen, werde einfach!« Einfach sein heißt für Mark Aurel, ohne Nebenabsichten seine Aufgabe zu erfüllen, sich von den Leidenschaften nicht bestimmen zu lassen und frei von Illusionen zu sein, die man sich häufig über das Leben macht. Der einfache Mann ist arglos. Er ist frei von Misstrauen gegenüber anderen. Auch der Philosoph soll keine komplizierten Sätze formulieren. Zeichen eines echten Philosophen ist vielmehr die Einfachheit: »Einfachheit und Bescheidenheit ist die Aufgabe der Philosophie.« Einfachheit ist aber vor allem das Ziel der Menschwerdung. Der wahre Mensch ist einfach und lauter, ohne Arglist und ohne Nebenabsichten. So ruft Mark Aurel aus: »Wann endlich, liebe Seele, willst du gut, einfältig (haplous), einig mit dir selbst und ohne Hülle durchsichtiger erscheinen als der dich umgebende Leib?« Für Mark Aurel ist die Einfachheit eines der höchsten Güter, nach denen er in seinem Leben ringt. Einfach ist der Mensch, der ganz und gar mit der Natur übereinstimmt und der frei ist von Leidenschaften. Der einfache Mensch ist einfach da. Er lebt in Übereinstimmung mit seinem innersten Wesen und mit Gott. Er ist aufrichtig und arglos, lauter und klar.

Gottesgabe

Für Mark Aurel ist Einfachheit ein Kennzeichen eines guten Philosophen und eines guten Herrschers. Beides täte uns heute gut. Wer Wesentliches zu sagen hat, kann es auch einfach sagen. Der deutsche Bundeskanzler Konrad Adenauer hat offensichtlich etwas von der Einfachheit des Kaisers Mark Aurel an sich gehabt. Von ihm stammt das Wort: »Man muss die Dinge so tief sehen, dass sie einfach werden.« Über die Dinge einfach zu sprechen, ist nicht Zeichen von Oberflächlichkeit, sondern von Tiefe. In der Tiefe sind alle Dinge eins und hängen miteinander zusammen. Wenn ich genügend reflektiert habe, wenn ich den Dingen auf den Grund gehe, dann werden sie einfach. Und dann kann ich in einfacher Weise über sie reden. Adenauer sieht das einfache Denken und Reden zusammen: »Einfach denken ist eine Gabe Gottes. Einfach denken und einfach reden ist eine doppelte Gabe Gottes.« Adenauer hat offensichtlich diese Gabe von Gott empfangen. Daher hat er die Menschen mit seinen einfachen und klaren Worten erreicht. Heute spricht man in der Politik oft von den unheilvollen Vereinfachern. Es ist eine Gratwanderung zwischen dem einfachen Denken und Reden und einem zu leichtfertigen Vereinfachen. Das deutsche Wort »vereinfachen« hat in sich diese Doppelbedeutung. Das Leben vereinfachen ist eine Tugend. Das Denken vereinfachen ist für Adenauer eine Gabe Gottes. Doch wenn ich die Dinge vereinfache und sie zu sehr für meine Sicht vereinnahme, dann wird es gefährlich. Dann wird meine vereinfachende Sprache die Menschen manipulieren oder gar verdummen.

Auf das Eine gerichtet

Im Alten Testament entspricht das Wort »tham« unserer Einfachheit. Allerdings hat es noch viele andere Bedeutungen. Und auch die Septuaginta übersetzt es verschieden, einmal mit »einfach«, dann mit »vollkommen, lauter, wahrhaftig, heilig, untadelig«. Gott selbst spricht zu Salomon: »Wenn du mit ungeteiltem und aufrichtigem Herzen vor mir den Weg gehst, den dein Vater David gegangen ist, und wenn du alles tust, was ich dir befohlen habe, wenn du auf meine Gebote und Rechtsvorschriften achtest, dann werde ich deinen Königsthron auf ewig in Israel bestehen lassen.« (1 Kön 9,5) Einfachheit meint hier die völlige Hingabe des Menschen an Gott. Ich bin König in seinem Dienst. Es geht mir nicht um meinen Ruhm und meine Macht, sondern einfach darum, für die Menschen da zu sein und das Beste für sie zu wollen. Wer mit einfachem Herzen für die Menschen da ist, der ist ein Segen für sie. Auf ihn kann man sich verlassen. Man spürt, dass er es gut mit einem meint. Er ist frei von allem egoistischen Kreisen um sich selbst. Er ist ganz und gar von Gottes Geist durchdrungen. Er ist allein auf das Eine gerichtet: gut zu sein und Gutes zu tun und für die Menschen das Beste zu wollen.

Wenn dein Auge einfach ist

In der Bergpredigt spricht Jesus vom einfachen und klaren Auge: »Wenn dein Auge einfach (haplous) ist, dann wird dein ganzer Körper hell sein. Wenn aber dein Auge böse (poneros) ist, dann wird dein ganzer Körper finster sein.« (Mt 6,22 und Lk 11,34) Manche Exegeten übersetzen das »haplous« oft mit »gesund« und das »poneros« mit »krank«. Daran ist sicher etwas Richtiges. Das einfache Auge ist gesund. Es sieht die Dinge so, wie sie sind. Es projiziert nicht die eigenen Bedürfnisse oder Emotionen in die Dinge und in die Menschen hinein. Wir sehen es einem Menschen an, ob er klar und aufrichtig ist. Wir brauchen ihm nur in die Augen zu sehen. Dann spüren wir, was von ihm ausgeht: Klarheit oder Unklarheit, Liebe oder Härte, Verurteilen oder Annehmen, Güte oder Verachtung. Es gibt Menschen, die einen freundlich begrüßen. Aber das Auge bleibt unfreundlich und abweisend. Bei solchen Menschen fühlt man sich nicht wohl. Da sehnen wir uns nach Menschen mit einem einfachen Auge. Bei ihnen wissen wir, wo wir dran sind. Und von solchen Menschen geht eine gute Ausstrahlung aus. Im Lukasevangelium verweist Jesus auf diese positive Ausstrahlung, wenn er das Wort vom Auge noch weiter ausführt: »Achte also darauf, dass in dir statt Licht nicht Finsternis ist. Wenn dein ganzer Körper von Licht erfüllt und nichts Finsteres in ihm ist, dann wird er so hell sein, wie wenn die Lampe dich mit ihrem Schein beleuchtet.« (Lk 11,35 f) Von so einem Menschen mit einem einfachen und gütigen Auge wird Licht ausgehen. Die Menschen werden seine Wärme spüren. Sie werden das Klare und Einfache in ihm wahrnehmen. So können sie ihm vertrauen. Und sie fühlen sich in seiner Nähe wohl.

Ohne Hintergedanken

Paulus, der die stoische Philosophie und ihre Vorliebe für die Einfachheit kennt, gebraucht sieben Mal das Wort »haplotes«. Im Römerbrief fordert er die Christen auf: »Wer gibt, gebe ohne Hintergedanken (en haploteti = in Einfachheit, in der Einfalt des Herzens).« (Röm 12,8) Auch zu den Korinthern spricht er drei Mal vom selbstlosen Geben (haplotes) (2 Kor 8,2; 9,11.13). Und er hält seine eigene Selbstlosigkeit und Einfachheit denen entgegen, die diese Einfachheit vermissen lassen. »Ich fürchte aber, wie die Schlange einst durch ihre Falschheit Eva täuschte, könntet auch ihr in euren Gedanken von der aufrichtigen und reinen Hingabe an Christus abkommen.« (2 Kor 11,3) Hier geht es nicht mehr um Selbstlosigkeit, sondern um die Ausrichtung des ganzen Herzens auf Christus. Der einfache Christ ist der, der sich ganz und gar vom Geist Jesu bestimmen lässt und sich mit ungeteiltem Herzen Christus hingibt. Einfachheit ist hier Ausdruck von einer Liebe ohne Nebenabsichten. Es ist eine klare Liebe. Und es ist eine Haltung, in der ich durchlässig bin für Christus, und Christi Geist nicht mit meinen eigenen egoistischen Wünschen trübe.

Nicht ganz einfach

Die deutsche Sprache hat ihre eigene Erfahrung mit dem Wort »einfach«. Es meint ursprünglich: nicht doppelt, nicht zusammengesetzt. In »einfach« steckt das Wort »Fach«, das etwas Abgeteiltes meint. Ursprünglich beschreibt es das geflochtene Fischwehr in Flüssen. Im Mittelalter nennt man das mit Flechtwerk ausgefüllte Zwischenfeld in einer Wand Fach. Man errichtet Fachwerkbauten. Später spricht man dann vom Fach im Unterricht oder von einem Spezialgebiet in Handwerk, Kunst und Wissenschaft. Da gibt es dann den Fachmann oder die Fachfrau, Experten also, die für dieses Fach besonders begabt oder gebildet sind. In dem Wort »einfach« klingt noch das »eine Fach« nach, das einen Fachmann braucht, der sich auf das »Eine« konzentriert. Für den Fachmann ist alles einfach. Er braucht die Dinge nicht zusammenzusetzen oder gar doppelt auszuführen. Er formt die Dinge so, dass sie einfach und klar werden. Es ist nicht so einfach, einfach zu leben. Dazu braucht es den Fachmann, der es versteht, das Eine zu wollen.

Lass das Einfache einfach

Johannes XXIII. wird das schöne Wort zugeschrieben: »Vereinfache das Komplizierte und kompliziere nicht das Einfache.« Vereinfachen meint nicht, dass ich die Dinge zu einfach nehme. Ich soll ihren komplexen Zusammenhang durchaus sehen. Aber ich soll das Komplizierte durchschauen und verstehen. Dann wird es für mich einfach. Und es braucht dann einfache Worte, um die Wirklichkeit zu beschreiben. Manche verkomplizieren das Einfache. Oft tun sie es, um einer Entscheidung aus dem Weg zu gehen. Sie machen alles kompliziert, damit sie einen Vorwand haben, nichts tun zu müssen. Sie rechtfertigen damit ihre Passivität. Papst Johannes XXIII., dem man bei seiner Wahl nicht sehr viel zugetraut und den man bewusst als Übergangspapst gewählt hatte, hat die komplexen Zusammenhänge in der Kirche auf eine einfache Formel gebracht: »Macht die Fenster auf!« Und damit hat er den Mut gehabt, ein Konzil einzuberufen, das die Kirche von Grund auf verwandelt hat.

Kein Hindernis

In Diskussionen mache ich immer wieder die Erfahrung, dass manche jede Entscheidung hinauszögern. Sie suchen ein Hindernis nach dem anderen, sie spekulieren über etwas, das eintreten könnte, wenn wir diesen Weg weiter gehen. Ich merke, dass in mir dann oft Aggressionen aufsteigen. Ich habe den Eindruck, dass manche sich vor Entscheidungen drücken. Daher halten sie nach einem Hindernis Ausschau. Es gibt ihnen Grund genug, sich nicht entscheiden zu müssen. Manchmal meine ich, die Aggressionen seien Ausdruck meiner Ungeduld. Ich suche dann die Schuld bei mir. Da tat es mir gut, auf das Wort von Franz Kafka zu stoßen: »Verbringe nicht die Zeit mit der Suche nach einem Hindernis: Vielleicht ist keines da.« Von ihm fühle ich mich verstanden. So werde ich weiterhin mutig auf Entscheidungen drängen. Und bei allen Hindernissen, die im Gespräch angeführt werden, werde ich genau hinschauen, ob sie eher im Kopf der Gesprächspartner als in der äußeren Wirklichkeit vorhanden sind.

Durchblick

»Einfachheit ist das Resultat der Reife«, sagt Friedrich von Schiller. Wir sagen manchmal eher abschätzig von einem Menschen, dass er sehr einfach sei, »einfach gestrickt«, schlicht im Denken, fast etwas einfältig. Schiller sieht die Einfachheit als Zeichen eines reifen Menschen. Wer reif geworden ist, der ist auch in sich und mit sich eins geworden. Seine innere Einheit wird sich auch auf die Beziehung zu den anderen Menschen auswirken. Er wird ihnen gegenüber klar sein. Er muss sich nicht darstellen. Er kann es sich erlauben, einfach da zu sein. Seine Einfachheit im Denken und in seiner Ausstrahlung wirkt befreiend und einend. In seiner Nähe wird einem etwas klar, da klärt sich das Trübe in uns und wir blicken durch.

Der kleine Schlüssel

»Auch eine schwere Tür hat nur einen kleinen Schlüssel nötig.« Charles Dickens hat das gesagt. Worte sind wie Schlüssel, die etwas in unserer Seele aufschließen. Manche Theologen und Philosophen schreiben so komplizierte Worte und Sätze, dass sie uns die Tür zum Leben und die Tür zu unserem eigenen Innern eher verschließen. Es braucht nur einen kleinen Schlüssel, um eine große Tür aufzusperren. Wir müssen nur das Schlüsselloch finden. Das ist für mich die Aufgabe des Schreibens, dass ich mit einfachen Worten die Tür aufschließe zum wahren Leben. Natürlich habe ich immer wieder das Gefühl, dass ich den passenden Schlüssel noch nicht gefunden habe. Aber ich weiß, dass dieser Schlüssel ganz klein sein kann, ganz unscheinbar. Und doch geht auf einmal die Tür auf und ich betrete neue Räume, den Raum der Wahrheit und der Liebe, den Raum meines eigenen Innern, in dem zugleich Gott selber wohnt.

Solidarisch leben

Mahatma Gandhi hat sich ausgezeichnet durch Bedürfnislosigkeit und Einfachheit. Er hat eine einfache Lebensweise vorgemacht. Das war für ihn nicht nur Ausdruck seiner persönlichen Askese. Er tat es vielmehr in Solidarität mit den Menschen. »Lebe einfach, damit alle einfach leben können.« Sein Wort hat zwei Bedeutungen. Ich soll eine einfache Lebensweise praktizieren, damit auch die anderen überhaupt leben können und das Lebensnotwendige für sich finden. Die einfache Lebensweise ist dann Ausdruck meiner Solidarität mit allen Menschen. Ich kann das Wort aber auch so verstehen: Ich soll einfach *leben*, damit das Leben, das von mir ausgeht, auch die anderen lebendig macht. Wenn ich einfach *lebe,* dann ist das eine Einladung für die Menschen in meiner Umgebung, es auch zu wagen, einfach zu *leben.*

In Wahrheit

Leo Tolstoi, der russische Dichter, der für sich selbst aus dem Luxus ausgestiegen ist und sich für eine einfache Lebensweise entschieden hat, schreibt in seinen Tagebüchern: »Einfachheit ist unabdingbare Voraussetzung und Merkmal der Wahrheit.« Damit meint er nicht nur seine einfache Lebensweise, sondern auch die Einfachheit des Denkens. Die Wahrheit ist einfach. Das haben schon die griechischen Philosophen gewusst, die das Eine und das Gute und das Wahre zusammensahen. Das Sein ist einfach. Die Wahrheit ist die Unverhülltheit des Seins. Für die Griechen bedeutet Wahrheit, dass der Schleier weggezogen wird, der uns das wahre Sein verhüllt. Hinter dem Schleier begegnet uns das Sein als etwas Einfaches, in sich Klares. Und es bringt uns in die Wahrheit und in die Einheit mit unserem wahren Wesen.

Nichts komplizieren

Erich Kästner zeigt in seinen Schriften sehr viel Menschenkenntnis. Er hat oft mit Humor die verschiedenen Charaktere beschrieben. So erkennt er im Hinblick auf die Menschen, die er beobachtet hat: »Manche Menschen benützen ihre Intelligenz zum Vereinfachen, manche zum Komplizieren.« Das Vereinfachen ist für ihn Zeichen der Intelligenz. Wir sagen von einem Menschen, der in einer Diskussion die verschiedenen Meinungen auf einen Punkt bringt. Da wird auf einmal etwas einfach mitten im Chaos des Diskutierens. Und es gibt Menschen, die gar nicht aufhören, zu argumentieren. Und vor lauter Argumentieren versteht man gar nichts mehr. Sie benutzen ihre Intelligenz, um alles komplizierter werden zu lassen. Solche Diskussionsteilnehmer können uns manchmal auf die Nerven gehen. Wir haben den Eindruck, dass sie so kompliziert reden, um sich über die anderen zu stellen und um ihr Wissen herauszustellen. Aber zugleich ahnen wir, dass hinter ihren komplizierten Reden gar nicht so viel wirkliches Wissen steckt.

Wenig Worte

Vielredner schaffen mit ihrem vielen Reden keine Verbindung zu den anderen. Im Gegenteil: Sie spalten die Menschen. Sie halten sich die anderen mit ihren vielen Worten vom Leib: »Um einander zu verstehen, brauchen die Menschen nur wenige Worte. Viele Worte brauchen sie nur, um sich nicht zu verstehen.« So eine indianische Weisheit, die universal gültig ist. Wenige Worte, die der andere versteht, schaffen eine tiefe Beziehung zum anderen. Worte sind Träger der Kommunikation. In Worten kommen wir uns näher. Aber wenn einer gar nicht aufhört zu reden, haben wir den Eindruck, dass wir keinen Fuß in die Tür zum anderen bringen. Wir finden keinen Kontakt zu ihm. Er hält uns mit seinen vielen Worten auf Distanz. Seine Worte schaffen keine Kommunikation. Sie wollen vielmehr verwirren, damit ich mich im Nebel der Worte verliere und dem anderen nicht zu nahe komme.

Seligste Tage

Ein wichtiges Thema der Einfachheit ist das einfache Leben, der einfache Lebensstil. Der ist heute für viele Menschen, die bewusst leben, selbstverständlich geworden. Es ist kein Zeichen von Armut oder Einfallslosigkeit. Vielmehr hat ihr einfaches Leben eine eigene Qualität. Anspruchslose Schlichtheit führt zur Zufriedenheit und zu einer Schönheit und Klarheit des Lebens. Von diesem einfachen Leben sagt Jean Paul: »Man kann die seligsten Tage haben, ohne etwas anderes dazu zu gebrauchen als blauen Himmel und grüne Frühlingserde.« Einfachheit hat für Jean Paul mit Seligkeit zu tun. Wer den blauen Himmel und die grüne Frühlingserde genießen kann, für den ist die einfache Lebensweise ein Weg zum wahren Glück.

Alles geschenkt

Lao-Tse, der große chinesische Weise, hat die einfache Lebensweise als Anspruchslosigkeit und Genügsamkeit im Blick, wenn er schreibt: »Wenn du erkennst, dass es dir an nichts fehlt, gehört dir die ganze Welt.« Wenn ich genug habe an dem, was mir Gott geschenkt hat, an meinem Leib und meiner Seele, an den Menschen, mit denen ich lebe, und an den Dingen, die ich besitze, dann gehört mir die ganze Welt. Ich bin einverstanden mit der Welt und so bin ich auch eins mit ihr. Und wenn ich eins mit der Welt bin, dann gehört sie mir. Ich fühle mich zur Welt zugehörig. In dem einen Augenblick, in dem ich achtsam durch den Wald gehe und den Duft der Bäume rieche, bin ich eins mit der ganzen Welt und letztlich eins mit dem Schöpfer des Alls. Und in diesem Augenblick habe ich das Gefühl: Alles gehört mir. Alles ist auch für mich da, mir gegeben von Gott, der auch mich geschaffen und mich mit seinem Geist erfüllt hat.

Der wahre Meister

Manche beschreiben die Spiritualität als komplizierten Weg. In einer Zen-Geschichte wird deutlich, dass Spiritualität darin besteht, einfach das zu tun, was gerade stimmt: »Drei Zenschüler waren in Sorge, welcher ihrer Meister der frömmste sei. ‚Meiner ist so fromm, dass er tagelang fasten kann', sagte der Erste. ‚Nicht schlecht', sagte der Zweite. ‚Meiner ist so fromm, dass er nächtelang in der Meditation durchwacht.' ‚Mag ja sein', sagte der Dritte. ‚Mein Meister ist so fromm, dass er isst, wenn er hungrig ist, und schläft, wenn er müde ist.'«

Die wahre Frömmigkeit – so sagt uns diese Zen-Geschichte – besteht darin, einfach das zu tun, was gerade stimmt. Es geht nicht darum, aus seiner Spiritualität etwas Besonderes zu machen. Sie drückt sich vielmehr darin aus, einfach zu tun, was gerade dran ist.

Ruh in dir

Dag Hammarskjöld hat als Uno-Generalsekretär viele Gedanken aufgeschrieben, die sein Leben prägten. Die Welt war erstaunt, als sein Tagebuch nach seinem Tod veröffentlicht wurde. Da zeigte sich der Politiker als spirituell suchender Mensch, ja als Mystiker. In einer komplizierten, von gegensätzlichen Interessen und Motiven geschüttelten und schwer durchschaubaren Welt hat er immer wieder auch über das Thema der Einfachheit nachgedacht. Eines Tages notiert er für sich: »Einfachheit heißt sehen, urteilen und handeln von dem Punkt her, in dem wir in uns selber ruhen. Wie vieles fällt da weg! Und wie fällt alles andere in die rechte Lage.« Voraussetzung für die Einfachheit ist also das Ruhen in sich selbst. Wenn ich in Berührung bin mit meinem wahren Wesen, dann sehe ich auch die Dinge so, wie sie sind. Dann kann ich ihnen in meinem Handeln auch eher gerecht werden. Wenn ich jedoch mit mir nicht im Einklang bin, dann sind meine Augen getrübt und ich sehe in allem meine eigenen Ängste und Bedürfnisse.

So soll es sein

Jesus hat in einem Gleichnis davor gewarnt, uns mit unserer Spiritualität über andere zu erheben oder uns interessant zu machen. Auch für ihn besteht die wahre Spiritualität darin, einfach zu tun, was ich schuldig bin. Im Gleichnis vom unnützen Sklaven erzählt er, dass der Herr sich beim Sklaven nicht bedankt für das, was sowieso seine Pflicht ist. »So soll es auch bei euch sein: Wenn ihr alles getan habt, was euch befohlen wurde, sollt ihr sagen: Wir sind unnütze Sklaven; wir haben nur unsere Schuldigkeit getan.« (Lk 17,10) Spiritualität heißt also: einfach tun, was ich mir schuldig bin, was ich dem Augenblick schuldig bin, was ich dem Nächsten schulde und was ich Gott schulde. Einfach tun, was zu tun ist. Das entspricht der chinesischen Weisheit, die sagt: Tao ist das Gewöhnliche. Es ist der Weg, der zu gehen ist. Spirituell ist der Mensch, der jeden Tag seinen Weg geht, der das Gewöhnliche tut, der tut, was jetzt im Augenblick gefordert ist.

Das Entscheidende

Leo Tolstoi hat Jesus sehr gut verstanden, auch wenn er als Dichter eine andere Sprache spricht als die der Theologie. Aber er ist überzeugt, dass die wahre Spiritualität darin besteht, einfach dort gegenwärtig zu sein, wo ich gerade bin. Ihm wird der Satz zugeschrieben: »Die wichtigste Stunde ist immer die Gegenwart, der bedeutendste Mensch ist immer der, der dir gerade gegenübersteht, und das notwendige Wohl ist immer die Liebe.« Ich soll mir kein kompliziertes spirituelles Gebäude errichten. Entscheidend ist, dass ich jetzt in diesem Augenblick ganz gegenwärtig bin und spüre, was dieser Augenblick von mir erwartet. Es kommt darauf an, sich auf diesen Augenblick, auf diesen konkreten Menschen vor mir einzulassen. Und entscheidend ist dabei immer die Haltung der Liebe.

Unkompliziert

Wir meinen oft, »einfach« sei gleichzusetzen mit »primitiv«. Das wahre Leben sei aber kompliziert und nur in schwierigen Gedankengängen zu erklären. Heimito von Doderer hat das Gegenteil als richtig erkannt: »Ganze Sachen sind immer einfach, wie die Wahrheit selbst. Nur die halben Sachen sind kompliziert.« Die Wahrheit ist immer einfach und klar. Wahrheit heißt: einfach sehen, was ist. Für die Griechen besteht die Wahrheit (aletheia) darin, dass der Schleier, der über allem liegt, weggezogen wird und wir auf das Wesen der Dinge schauen. Wir schauen in den Grund. Dort geht uns die Wahrheit auf. Wer zu kompliziert über die Dinge redet, der hat in aller Regel nicht das Ganze erfasst, der befasst sich eher mit halben Sachen. Wenn etwas ganz und heil ist, in sich abgerundet und vollständig, dann ist es immer auch einfach. Dann verstehen wir es auch. Wenn etwas in sich nicht ausgegoren ist, dann passen die Dinge nicht zusammen. Und wir können sie auch mit unserem Verstand nicht zusammenbekommen. Wir erleben sie als in sich verwickelt und verwirrt. Wir tun uns schwer damit, sie zu entwirren und zu ordnen. Die Dinge einfach zu machen – freilich nicht einfacher, als sie sind – das ist nach Albert Einstein ein Zeichen der Intelligenz.

Je einfacher die Uhr

Sprichwörter drücken Erfahrungen aus, die Menschen über die Jahrhunderte hinweg gemacht haben. Im Deutschen gibt es das Sprichwort: »Je einfacher die Uhr, je besser geht sie.« Wenn eine Uhr in sich klar und einfach konstruiert ist, dann ist sie auch zuverlässig. Und wir können ihr trauen. Heute sehnen wir uns manchmal nach der Einfachheit mancher Dinge. Das Autoradio wird immer komplizierter. Ich muss es erst einmal studieren, bevor ich es benutzen kann. Und dann ist gerade in dem Moment, in dem ich den Verkehrsfunk brauche, irgendetwas verstellt. Je komplizierter die Technik im Auto wird, desto anfälliger wird sie. Immer neue Modelle von Computern kommen auf den Markt, ohne dass wir in der Lage sind, die Technik gleich zu verstehen und handzuhaben. Wir sind offensichtlich Opfer unserer Sucht geworden, alles immer »besser«, und das heißt komplexer und komplizierter, machen zu müssen. Manchmal besticht gerade die Einfachheit der Dinge. Was für die Uhr gilt, gilt nicht nur für die vielen Dinge, die heute nur noch durch eine komplizierte Elektronik funktionieren, sondern auch für unser Denken. Auch Denken braucht Einfachheit, damit es die Dinge so erfasst, wie sie sind. Einfachheit ist etwas, was nicht ablenkt, sondern uns zum Wesentlichen führt.

Barfuß durchs Leben

Jesus hat jene selig gepriesen, die »arm sind im Geist«. Arm im Geist ist der, der sich an nichts festklammert, der innerlich offen und frei ist. Er kann die Dinge genießen. Aber er ist nicht abhängig von dem, was er besitzt. Die Griechen haben hierfür das Wort »makarios« (glücklich), ein Wort, dessen Gebrauch allerdings den Göttern vorbehalten ist. Allein die Götter, die in sich frei sind, die nicht abhängig sind vom Urteil anderer, sind wirklich glücklich. Was Jesus uns hier zugesprochen hat, davon weiß auch die Weisheit der Welt. Ein Hindu-Philosoph hat es so formuliert: »Aller Reichtum gehört dem zufriedenen Geist. Ist nicht jenem die ganze Erde mit Leder bedeckt, dessen Füße in Schuhen stecken?« Wer barfuß über eine Wiese geht, der spürt mit seinen Füßen die Vielfalt der Natur, der ist in Berührung mit allem, was ist. Das Leder der Schuhe trennt uns von der Welt. Je mehr wir anhaben, desto größer ist die Schicht, die sich zwischen uns und die Erde legt. Was wir haben, das trennt uns vom Sein. Das Armsein und Leersein, das Offensein und Freisein bringt uns in Berührung mit der Welt. Nicht was wir haben, sondern was wir berühren, das gehört uns wirklich.

Auch bügeln hilft

Die amerikanische Schauspielerin Meryl Streep hat ihren eigenen Weg gefunden, sich frei zu machen von Größenphantasien: »Man kann nicht arrogant werden, wenn man seine Sachen selber bügelt.« »Arrogant« kommt von »ad-rogare« und meint: etwas Fremdes für sich beanspruchen, sich etwas anmaßen. Der arrogante Mensch beansprucht für sich einen Wert, den er nicht besitzt. Er weigert sich, sein Maß anzunehmen. Er mutet sich etwas zu, was sein Maß übersteigt. Er verbraucht viel Energie, um an seiner Fassade zu arbeiten. Seine Sachen selber zu bügeln, so meint Meryl Streep, bewahrt uns vor der Gefahr, uns maßlos zu überschätzen. Bei vielen meditativen Retreats werden die Menschen auch in die Alltagsarbeiten miteinbezogen. Sie helfen in der Küche. Sie reinigen die Toilette. Sie arbeiten im Garten. Dahinter steckt eine wichtige Einsicht. Meditieren bedeuten nicht »abzuheben«. Auch und gerade ein spirituelles Leben sollte »geerdet« sein. Wer sein Zimmer selber putzt, wer seine alltäglichen Sachen selber erledigt, der spürt sein Menschsein und seine Begrenztheit. Dies verweist uns auf unser Maß.

Raum zum Atmen

Viele meinen, sie müssten immer mehr haben. Die Gier nach Reichtum kennen wir alle. Letztlich ist es die Sehnsucht, endlich einmal genug zu haben, sich das leisten zu können, was wir möchten. Doch oft merken wir, wie besessen Reichtum macht. Er macht nicht glücklich, sondern süchtig: Wir müssen immer noch mehr haben. Henry D. Thoreau zeigt einen Weg zu einem Reichtum anderer Art auf: »Der Mensch ist um so reicher, je mehr Dinge er liegen lassen kann.« Wer allzu viel tun will, der tut möglicherweise gerade das nicht, was wichtig wäre. Und er kommt nicht zu sich. Wer allzu viel Ballast aufhäuft, der hat bald keinen Raum und keine Luft mehr um sich herum. Wer alles, was er sieht, besitzen muss, der belastet sich selbst damit. Sein Haus wird immer voller mit unnützen Dingen, so dass er irgendwann selbst nicht mehr darin zu wohnen vermag. Denn er hat keinen Raum mehr zum Atmen. Die Dinge zu lassen, die ich sehe, mich darüber zu freuen, ohne sie haben zu wollen, das ist der Weg zu innerem Reichtum. Wenn ich alles haben muss, lebe ich in der ständigen Angst, es könne mir genommen werden. Die Bilder von den Dingen, die ich in mir trage, kann mir niemand nehmen.

Die höchste Kunst

Die großen Weisen aller Zeiten, aber auch ganz normale Menschen mit ihrer Alltagserfahrung haben immer wieder zum einfachen Leben aufgerufen. Mary Jean Irion hat dieses einfache Leben im Blick, wenn sie schreibt: »Ganz normaler Tag, lass mich wahrnehmen, welch ein Schatz du für mich bist. Lass nicht zu, dass ich dich verstreichen lasse auf der Suche nach einem perfekten und seltenen Morgen.« Wenn ich diesen Augenblick wahrnehme, dann liegt darin die Fülle. Wenn ich aber einen besonderen Sonnenaufgang erwarte oder ein besonders schönes Wetter oder eine wunderbare Landschaft, dann werde ich blind für die Schönheit des Augenblicks. Einfach den Augenblick zu leben ist die höchste Kunst des Lebens. Sie führt zu wahrem Leben, zu Dankbarkeit in jedem Augenblick.

Genieße das Nichtstun

Der vietnamesische Zen-Lehrer Thich Nhat Hanh zitiert einmal die Erfahrung, dass wir oft zueinander sagen: »Sitz nicht so herum, tu was.« Eltern und Lehrer verwenden einen solchen Satz gerne, aber auch Vorgesetzte. Eine Frau, die in ihrer Kindheit auf dem Bauernhof aufgewachsen ist, erzählte mir: Jedes Mal, wenn sie spielen wollte, sagte ihr die Mutter: »Es gibt soviel zu tun. Tu das oder jenes.« Sie konnte es nicht aushalten, dass das Mädchen einfach nur da saß und den Augenblick genoss. Thich Nhat Hanh gibt den Rat, diesen viel gebrauchten Satz einfach umzudrehen: »Tu nicht einfach etwas, setz dich hin, sei da. Sei präsent. Genieße es, ganz lebendig zu sein, im Hier und Jetzt.« Wer als Kind den ersten Satz immer wieder gehört und ihn sein Leben lang verinnerlicht hat, tut sich schwer, sich zu erlauben, einfach da zu sein, nur im Augenblick zu sein, ohne etwas leisten und ohne etwas vorweisen zu müssen.

Betrachte die Sterne

Gerne fragen wir bedeutende Menschen nach ihrem »Vermächtnis«, danach, was sie als Kern ihrer Einsichten an andere Menschen weitergeben möchten. Der russische Religionsphilosoph Pawel Florenski, ein genialer Gelehrter auf vielen Gebieten, hat das einfache Leben als Vermächtnis in sein Testament für seine Kinder aufgeschrieben: »Schon lange wollte ich dieses Euch aufschreiben: Betrachtet so oft Ihr könnt die Sterne. Wenn Euch schwer ums Herz ist, betrachtet die Sterne oder bei Tage den blauen Himmel. Wenn Ihr betrübt seid, wenn man Euch beleidigt, wenn Euch etwas nicht gelingt, wenn ein Sturm in Eurer Seele tobt, tretet hinaus ins Freie und bleibt allein mit dem Himmel. Dann wird Eure Seele zur Ruhe kommen.« Der Vater wollte mit diesen einfachen Worten seinen Kindern ein Geschenk machen: Wenn sie die Kunst üben, einfach da zu sein und einfach den Himmel und die Sterne zu betrachten, dann werden sie ihr Leben in einer guten Weise bewältigen. Ein Testament der Lebenskunst.

Freudenlisten

Den Sorgen um die Zukunft das Gegenwärtigsein entgegenzusetzen und die Achtsamkeit auf das zu richten, was um uns herum ist, das ist die Kunst des einfachen Lebens. Der portugiesische Dichter Fernando Pessoa notiert in seinem »Buch der Unruhe«, im Eintrag vom 21. Juni 1934, was er sich wünscht:

»Weiter nichts . . .
Ein wenig Sonne,
ein kleiner Luftzug,
ein paar Bäume, die die Entfernung einrahmen,
der Wunsch glücklich zu sein . . .«

Hier sind die Sorgen weit weg. Hier wird nichts vermisst. Leben ist jetzt.

Freude kann man intensivieren, indem man sie sich bewusst macht. Bert Brecht hat eine Liste der einfachen Freuden aufgestellt. Um Freude zu erleben, bedarf es nicht vieler und teurer Dinge. Für Brecht genügt:

»Duschen, Schwimmen,
Alte Musik.
Bequeme Schuhe.
Begreifen.
Neue Musik.
Schreiben, Pflanzen.
Reisen.
Singen.
Freundlich sein.«

Es sind die einfachen Dinge, die das Herz erfreuen. Das kann sich jeder leisten. Wir brauchen es nur zu tun. Nur wahrzunehmen.

Bei Johann Wolfgang von Goethe sieht die ein fache Freudenliste etwas anders aus. Und doch steht hinter seiner Liste offensichtlich eine ähnliche Erfahrung, die auch Brecht mit dem einfachen Leben gemacht hat:

»Man sollte alle Tage wenigstens
Ein kleines Lied hören,
ein gutes Gedicht lesen,
ein treffliches Gemälde sehen und,
wenn es möglich zu machen wäre,
einige vernünftige Worte sprechen.«

Die ersten drei Tätigkeiten sind eigentlich passiv, keine Aktivität im üblichen Sinn. Sie beziehen sich auf das Aufnehmen: Wir empfangen Freude, wenn wir ein Lied hören, ein Gedicht lesen und ein Gemälde anschauen. Das Lied dringt ins Herz, das Gedicht berührt uns und das Bild prägt sich in uns ein. Das Vierte müssen wir selbst tun: vernünftige Worte sprechen, Worte, die etwas klären, die Leben wecken, die ermutigen und erfreuen.

Selbstvergessen – reines Sein

Das Glück stellt sich nicht einfach ein. Wir müssen es auch suchen. Wir können es nicht festhalten. Aber wenn wir offen sind, schenkt uns Gott in der Natur – gerade im Frühling und im Sommer, wenn die Natur in voller Blüte steht – immer wieder Augenblicke des Glücks. Da duftet die Wiese, da verströmt der Wald einen bestimmten Geruch. Wir riechen, wir schmecken, wir hören und wir schauen die Fülle des Lebens. Wer ganz in seinen Sinnen ist und das Wunder der Schöpfung um sich herum wahrnimmt, der erfährt Glück. Es ist das Glück, das uns von außen entgegenkommt. Aber die Natur zeigt uns noch einen anderen Weg zum Glück; sie ist nicht abhängig von irgendeiner Jahreszeit. Wenn wir die Fülle des Lebens in uns selbst zulassen, dann sind wir glücklich, dann sind wir im Einklang mit uns selbst. Glück ist Ausdruck erfüllten Lebens. Die Fülle des Lebens ist da. Wir müssen sie nur ergreifen und uns ihr öffnen. Die Rose blüht ohne Warum, sagt Angelus Silesius. Wenn wir wie die Rose einfach nur blühen, ohne uns zu fragen, warum, dann sind wir im Einklang mit uns selbst.

Glück hat damit zu tun, uns selbst zu vergessen. Glück ist reines Sein. Immer wenn wir unser Glück allzu sehr begründen müssen, gehen wir am Glück vorbei. Wir brauchen viele Gründe, um uns glücklich zu fühlen, wenn wir nicht wirklich im Glück sind. Wer sich vergisst, wer ganz in dem ist, was er gerade tut, der ist glücklich. Es geht dann gar nicht um das Gefühl des Glücks. Gefühle kann man sowieso nicht festhalten. Es geht einfach nur um die Fähigkeit, da zu sein, ohne über sich nachzudenken, sondern einfach wahrzunehmen was ist, was in mir ist, was um mich herum ist und wie ich in Gott bin. Die Natur lädt uns ein zu dieser Fähigkeit, uns im Anblick der blühenden Schöpfung selbst zu vergessen und einfach nur mit unseren Sinnen wahrzunehmen, was sich uns an Schönheit offenbart. Wer sich in diese Schule nehmen lässt, der wird fähig, das Glück zu erfahren, das Gott ihm anbietet. Er wird lernen, dass viele Augenblicke des Lebens den Geschmack des Glücks in sich haben.

Kleine Bibliothek der Lebenskunst

Anselm Grüns Buch der Antworten
272 Seiten, Gebunden mit Schutzumschlag und Leseband
ISBN 978-3-451-29630-7
Es gibt Fragen, die immer wieder auftauchen – seit je. Und Situationen, die alles in Frage stellen können, immer wieder: Warum ist gerade mir das passiert? Worauf kann ich mich noch verlassen? Wie finde ich mein Glück? Anselm Grün setzt bei Erfahrungen an. Er spürt dem roten Faden in unserem Leben nach. Und gibt Antworten, die tragen.

Anselm Grün
50 Rituale für das Leben
160 Seiten, Gebunden mit Schutzumschlag
ISBN 978-3-451-29843-1
Rituale sind einfach und sprechen alle Sinne an. Mit einem Ritual nehme ich mir bewusst Zeit, dem Tag ein eigenes Gesicht zu geben. Denn nicht die Zeit bestimmt mich, sondern ich präge sie. Anselm Grün hat hier die schönsten und bewährtesten Rituale beschrieben, die zur inneren Ruhe und so zum tieferen Sinn des Lebens führen.

Anselm Grün
„Was soll ich tun?"
Antworten auf Fragen, die das Leben stellt
256 Seiten, Gebunden mit Schutzumschlag
ISBN 978-3-451-29985-8
Jeden Tag wenden sich zahlreiche Menschen an ihn: mit Fragen, die auf der Seele lasten, mit ganz konkreten Problemen oder in Konflikten, die unlösbar scheinen. Pater Anselm antwortet allen, die sich an ihn wenden – oft mit einer überraschend neuen, wohltuenden Sichtweise.

Anselm Grün
Leben ist Jetzt
Die Kunst des Älterwerdens
240 Seiten, Gebunden mit Schutzumschlag
ISBN 978-3-451-30238-1
Wie man auf gute Weise älter wird, ist eines der schwierigsten Kapitel des Lebens. Pater Anselm Grün spürt dem nach, was wichtig ist: die Menschen um uns und wie wir unsere Zeit sinnvoll nutzen, denn das Leben ist jetzt...